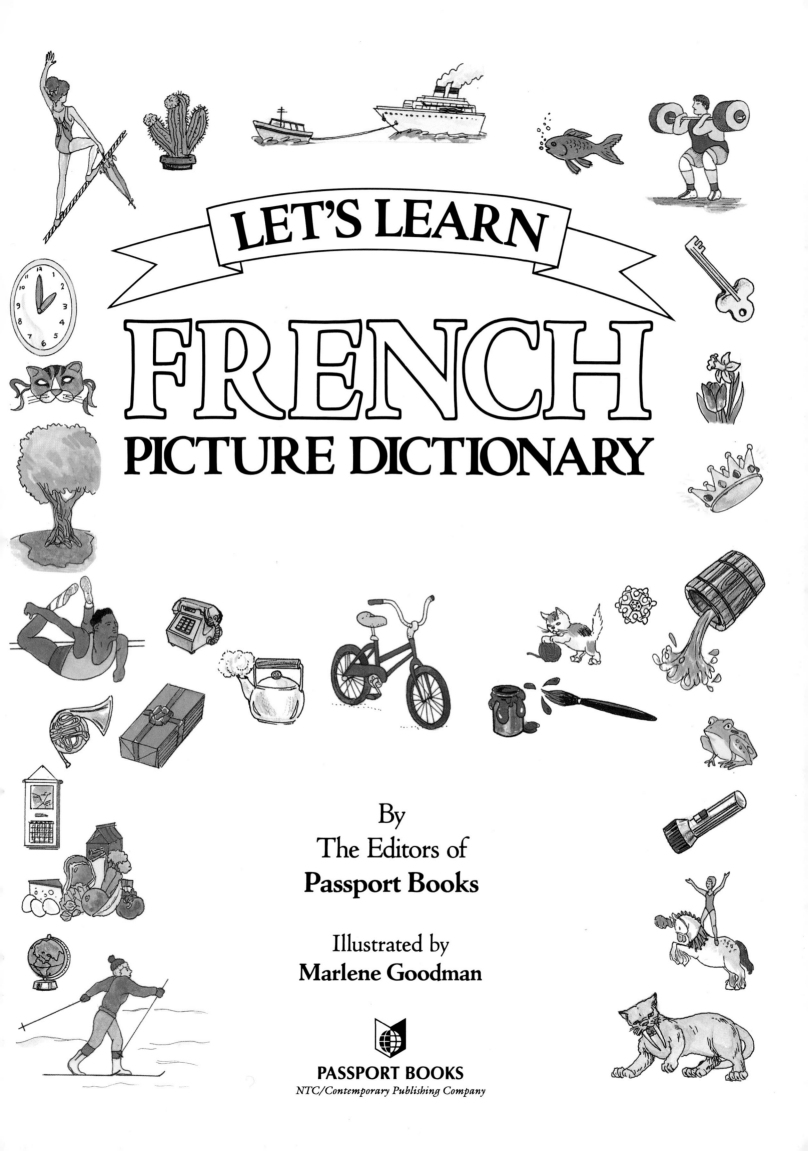

LET'S LEARN

FRENCH
PICTURE DICTIONARY

By
The Editors of
Passport Books

Illustrated by
Marlene Goodman

PASSPORT BOOKS
NTC/Contemporary Publishing Company

Welcome to the *Let's Learn French* Picture Dictionary!

Here's an exciting way for you to learn more than 1,500 French words that will help you speak about many of your favorite subjects. With these words, you will be able to talk in French about your house, sports, outer space, the ocean, and many more subjects.

This dictionary is fun to use. On each page, you will see drawings with the French and English words that describe them underneath. These drawings are usually part of a large, colorful scene. See if you can find all the words in the big scene, and then try to remember how to say each one in French. You will enjoy looking at the pictures more and more as you learn more French.

You will notice that almost all the French words in this book have **le, la, l'** or **les** before them. These words simply mean "the" and are usually used when you talk about things in French.

At the back of the book, you will find a French-English Glossary and Index and an English-French Glossary and Index, where you can look up words in alphabetical order, and find out exactly where the words are located in the dictionary. There is also a section that explains how you say French sounds as well as pronunciation guides that will help you say each French word correctly.

This is a book you can look at over and over again, and each time you look, you will find something new. You'll learn the French words for people, places, and things you know, and you may even learn some new words in English as you go along!

Library of Congress Cataloging-in-Publication Data
is available from the United States Library of Congress.

Illustrations by Terrie Meider
7. Clothing; 15. People in our Community; 18. Sports; 28. Colors;
29. The Family Tree; 30. Shapes; 31. Numbers; 32. Map of the World.

Published by Passport Books
An imprint of NTC/Contemporary Publishing Company
4255 West Touhy Avenue, Lincolnwood (Chicago), Illinois 60646-1975 U.S.A.
Copyright © 1991 by NTC/Contemporary Publishing Company
Printed in Hong Kong
International Standard Book Number: 0-8442-1392-6

7 8 9 0 WKT 0 9

Table of Contents
Table des matières

1. Our Classroom   En classe

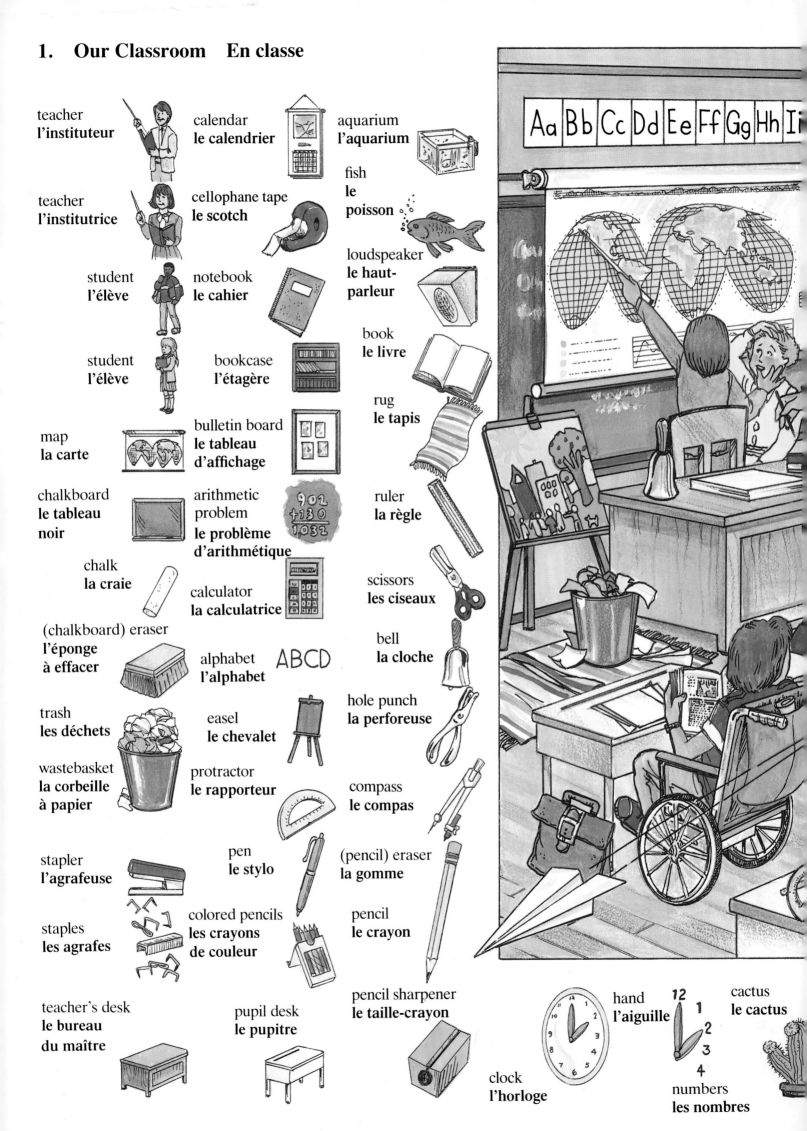

teacher
l'instituteur

teacher
l'institutrice

student
l'élève

student
l'élève

map
la carte

chalkboard
**le tableau
noir**

chalk
la craie

(chalkboard) eraser
**l'éponge
à effacer**

trash
les déchets

wastebasket
**la corbeille
à papier**

stapler
l'agrafeuse

staples
les agrafes

teacher's desk
**le bureau
du maître**

calendar
le calendrier

cellophane tape
le scotch

notebook
le cahier

bookcase
l'étagère

bulletin board
**le tableau
d'affichage**

arithmetic
problem
**le problème
d'arithmétique**

902
+130
1032

calculator
la calculatrice

alphabet
l'alphabet

ABCD

easel
le chevalet

protractor
le rapporteur

pen
le stylo

colored pencils
**les crayons
de couleur**

pupil desk
le pupitre

aquarium
l'aquarium

fish
**le
poisson**

loudspeaker
**le haut-
parleur**

book
le livre

rug
le tapis

ruler
la règle

scissors
les ciseaux

bell
la cloche

hole punch
la perforeuse

compass
le compas

(pencil) eraser
la gomme

pencil
le crayon

pencil sharpener
le taille-crayon

Aa Bb Cc Dd Ee Ff Gg Hh Ii

hand
l'aiguille

clock
l'horloge

cactus
le cactus

numbers
les nombres

plant
la plante

glue
la colle

globe
le globe
terrestre

picture
le dessin

paint
la peinture

paintbrush
le pinceau

paper
le papier

crayon
le crayon
de couleur

2. Our House
Notre maison

floor
le plancher

wall
le mur

ceiling
le plafond

door
la porte

shelf
l'étagère

closet
le placard

hanger
le cintre

window
la fenêtre

stairs
l'escalier

medicine
cabinet
la pharmacie

bathtub
la baignoire

shower
la douche

towel
la serviette

toilet
la toilette

toilet paper
**le papier
hygiénique**

bed
le lit

blanket
la couverture

sheet
le drap

pillow
l'oreiller

mirror
le miroir

vase
le vase

night table
**la table
de nuit**

alarm clock
le réveille-matin

rocking chair
**la chaise
à bascule**

curtains
les rideaux

venetian
blinds
**les stores
vénitiens**

poster
l'affiche

chimney
la cheminée

roof
le toit

armchair
le fauteuil

sofa
le canapé

television
la télévision

radio
la radio

fireplace
la cheminée

carpet
le tapis

footstool
le tabouret

telephone
le téléphone

lamp
la lampe

dresser
la commode

record
le disque

record player
le tourne-disque

compact disc
le CD

videocassette
player
le magnétoscope

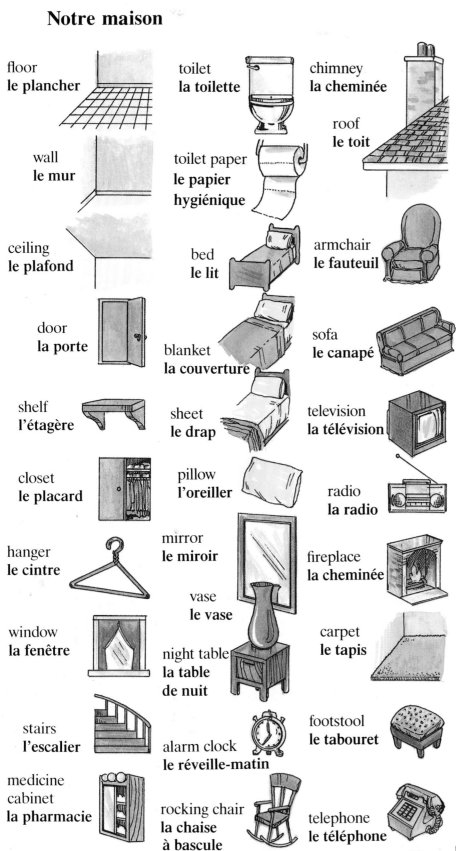

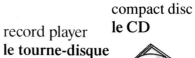

bedroom
**la chambre
à coucher**

bathroom
**la salle
de bain**

living room
le salon

dining room
la salle à manger

kitchen
la cuisine

ssette tape
cassette

cassette player
le magnétophone

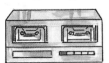

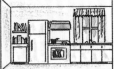

3. The Kitchen
La cuisine

counter
le comptoir

oven
le four

faucet
le robinet

pan
la poêle

paper towels
les serviettes de papier

chair
la chaise

table
la table

refrigerator
le réfrigérateur

dishwasher
le lave-vaisselle

electric mixer
le batteur électrique

ice cubes
les glaçons

apron
le tablier

microwave oven
le four à micro-ondes

freezer
le congélateur

food processor
le robot

drawer
le tiroir

spatula
la spatule

flour
la farine

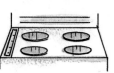

stove
la cuisinière

sink
l'évier

kettle
la bouilloire

toaster
le grille-pain

dishes
la vaisselle

sponge
l'éponge

    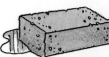

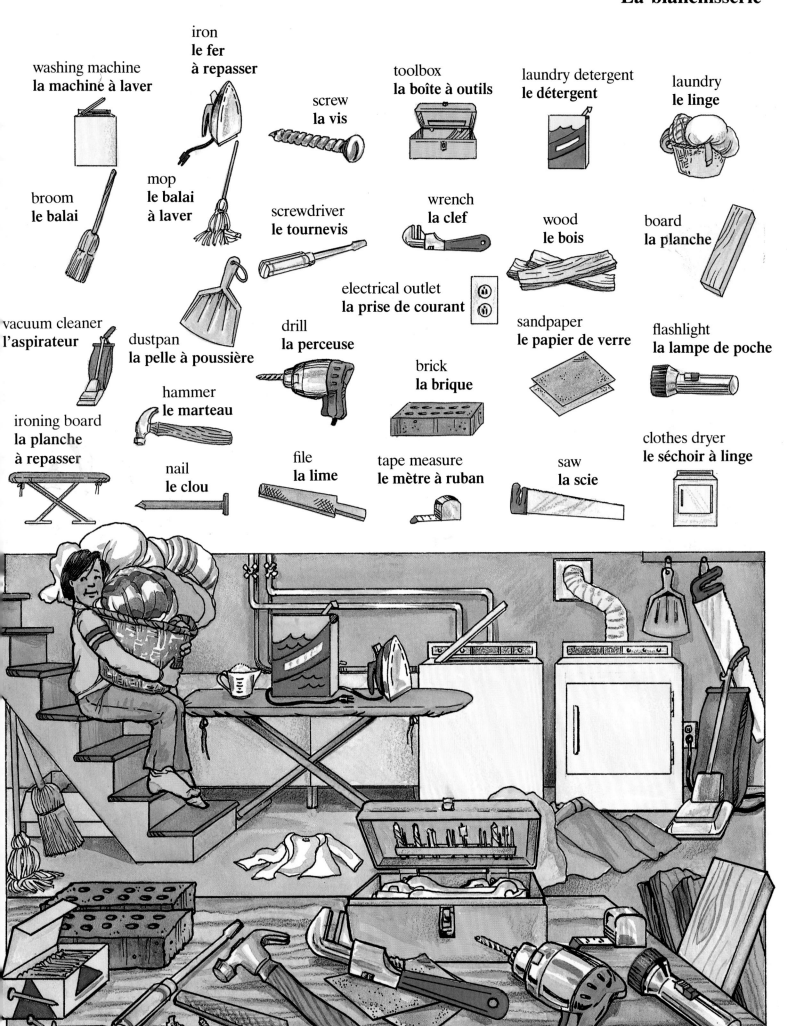

washing machine
la machine à laver

iron
**le fer
à repasser**

screw
la vis

toolbox
la boîte à outils

laundry detergent
le détergent

laundry
le linge

broom
le balai

mop
**le balai
à laver**

screwdriver
le tournevis

wrench
la clef

wood
le bois

board
la planche

vacuum cleaner
l'aspirateur

dustpan
la pelle à poussière

electrical outlet
la prise de courant

drill
la perceuse

sandpaper
le papier de verre

flashlight
la lampe de poche

brick
la brique

hammer
le marteau

ironing board
**la planche
à repasser**

nail
le clou

file
la lime

tape measure
le mètre à ruban

saw
la scie

clothes dryer
le séchoir à linge

4. The Attic
Le grenier

trunk
la malle

box
la boîte

dust
la poussière

string
la ficelle

cobweb
la toile d'araignée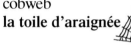

ball gown
la robe de bal

top hat
**le chapeau
haut de forme**

tuxedo
le smoking

hat
le chapeau

feather
la plume

cowboy hat
**le chapeau
de cowboy**

uniform
l'uniforme

cowboy boots
**les bottes
de cowboy**

photo album
**l'album
de photos**

game
le jeu

doll
la poupée

jigsaw puzzle
le puzzle

jump rope
**la corde
à sauter**

teddy bear
le nounours

toys
les jouets

whistle
le sifflet

cards
les cartes

dice
les dés

blocks
les cubes

electric train
le train électrique

magnet
l'aimant

cradle
le berceau

coloring book
**le livre
à colorier**

music box
**la boîte
à musique**

yarn
la laine

knitting needles
**les aiguilles
à tricoter**

dollhouse
**la maison
de poupée**

comic book
**le livre de
bandes dessinées**

lightbulb
l'ampoule

toy soldier
**le soldat
de plomb**

movie projector
le projecteur

umbrella
le parapluie

puppet
la marionnette

fan
l'éventail

marbles
les billes

rocking horse
le cheval à bascule

chess
le jeu d'échecs

photograph
la photo

spinning wheel
le rouet

picture frame
le cadre

rocking chair
**la chaise
à bascule**

checkers
le jeu de dames

5. The Four Seasons (Weather)

Les quatre saisons (le temps)

Winter
L'hiver

snow
la neige

 sled
le traîneau

ice
la glace

 snowplow
le chasse-neige

snowflake
**le flocon
de neige**

 snowmobile
la motoneige

icicle
**la chandelle
de glace**

snowman
**le bonhomme
de neige**

shovel
la pelle

 snowball
**la boule
de neige**

snowstorm
**la tempête
de neige**

  log
la bûche

Spring
Le printemps

rain
la pluie

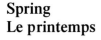

flowers
les fleurs

rainbow
l'arc-en-ciel

  flowerbed
le parterre

stem
la tige

petal
le pétale

bird
l'oiseau

 vegetable
garden
**le jardin
potager**

worm
le ver

raindrop
**la goutte
de pluie**

 lightning
l'éclair

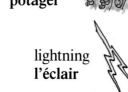

Summer
L'été

butterfly
le papillon

fly
la mouche

fly swatter
la tapette

fan
le ventilateur

sprinkler
l'appareil d'arrosage

grasshopper
la sauterelle

lawn mower
la tondeuse à gazon

barbecue
le gril

hammock
le hamac

yard
la cour

deck
le patio

garden hose
le tuyau d'arrosage

matches
les allumettes

wind
le vent

leaf
la feuille

branch
la branche

fog
le brouillard

rake
le râteau

clouds
les nuages

kite
le cerf-volant

puddle
la flaque d'eau

mud
la boue

bird's nest
le nid d'oiseau

bush
le buisson

6. At the Supermarket   Au supermarché

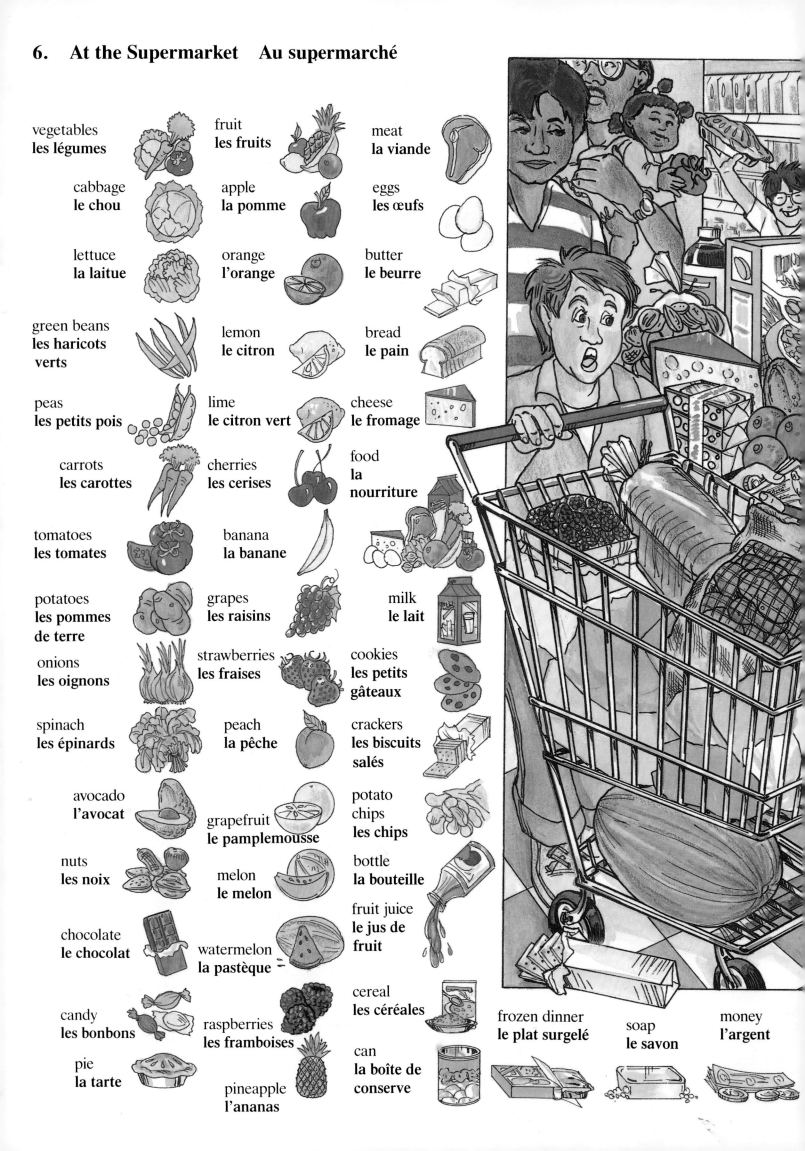

vegetables
les légumes

cabbage
le chou

lettuce
la laitue

green beans
les haricots verts

peas
les petits pois

carrots
les carottes

tomatoes
les tomates

potatoes
les pommes de terre

onions
les oignons

spinach
les épinards

avocado
l'avocat

nuts
les noix

chocolate
le chocolat

candy
les bonbons

pie
la tarte

fruit
les fruits

apple
la pomme

orange
l'orange

lemon
le citron

lime
le citron vert

cherries
les cerises

banana
la banane

grapes
les raisins

strawberries
les fraises

peach
la pêche

grapefruit
le pamplemousse

melon
le melon

watermelon
la pastèque

raspberries
les framboises

pineapple
l'ananas

meat
la viande

eggs
les œufs

butter
le beurre

bread
le pain

cheese
le fromage

food
la nourriture

milk
le lait

cookies
les petits gâteaux

crackers
les biscuits salés

potato chips
les chips

bottle
la bouteille

fruit juice
le jus de fruit

cereal
les céréales

can
la boîte de conserve

frozen dinner
le plat surgelé

soap
le savon

money
l'argent

shopping cart
le chariot

shopping
bag
le sac à provisions

sign
l'affiche

scale
la balance

price
le prix

cash
register
la caisse

cashier
la caissière

7. Clothing   Les vêtements

glasses
les lunettes

buckle
la boucle

belt
la ceinture

collar
le col

blouse
le chemisier

bracelet
le bracelet

ring
la bague

skirt
la jupe

pants
le pantalon

socks
les chaussettes

shoes
les chaussures

underwear
les sous-vêtements

necklace
le collier

tie
la cravate

sleeve
la manche

dress
la robe

suit
le complet

button
le bouton

bathing suit
le maillot de bain

shirt
la chemise

earmuffs
le serre-tête

gloves
les gants

handkerchief
le mouchoir

coat
le manteau

sweater
le pullover

shoelace
le lacet

gym shoes
les chaussures de gymnastique

tights
les collants

hat
le chapeau

sunglasses
les lunettes noires

earring
la boucle d'oreille

shorts
le short

sandals
les sandales

backpack
le sac à dos

down vest
le gilet de duvet

jeans
le jean

hiking boots
les chaussures d'excursion

sweatshirt
le sweat-shirt

sweatpants
**le pantalon
de survêtement**

T-shirt
le teeshirt

watch
la montre

scarf
l'écharpe

jacket
le blouson

mittens
les moufles

umbrella
le parapluie

hood
le capuchon

raincoat
l'imperméable

pocket
la poche

zipper
la fermeture éclair

boots
les bottes

bathrobe
le peignoir

pajamas
le pyjama

cap
le bonnet de ski

8. In the City   En ville

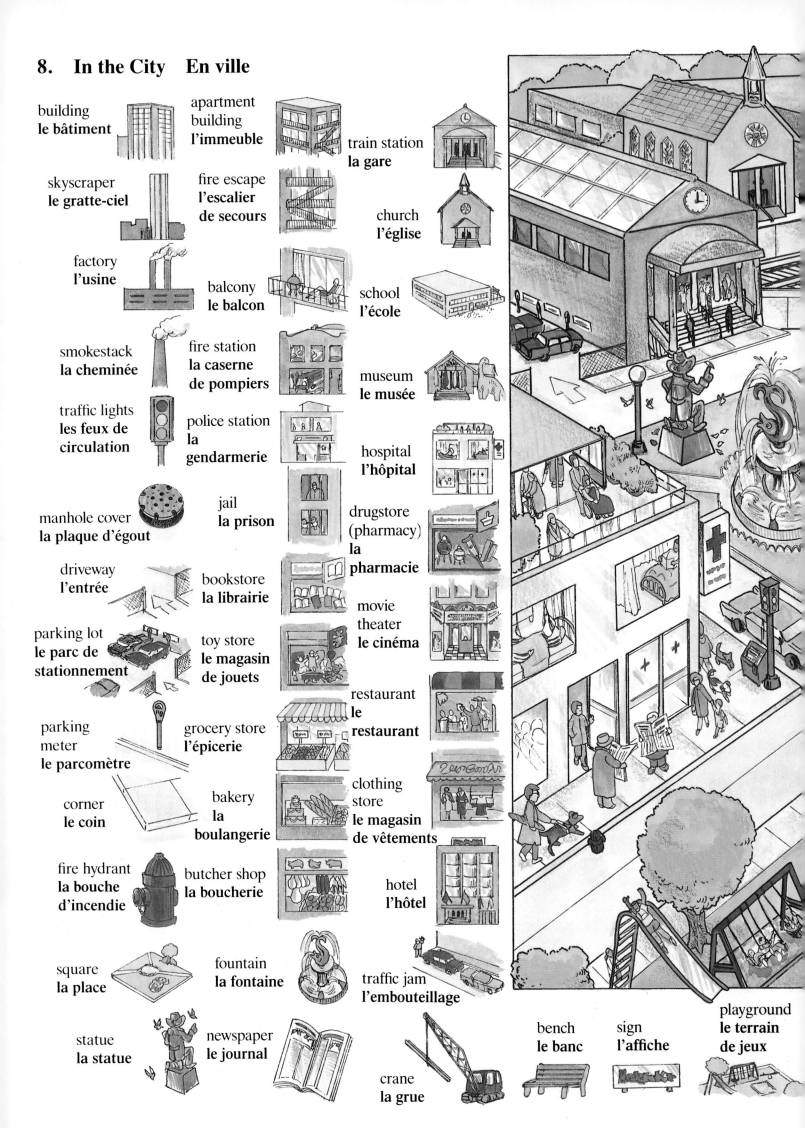

building
le bâtiment

apartment
building
l'immeuble

train station
la gare

skyscraper
le gratte-ciel

fire escape
**l'escalier
de secours**

church
l'église

factory
l'usine

balcony
le balcon

school
l'école

smokestack
la cheminée

fire station
**la caserne
de pompiers**

museum
le musée

traffic lights
**les feux de
circulation**

police station
**la
gendarmerie**

hospital
l'hôpital

manhole cover
la plaque d'égout

jail
la prison

drugstore
(pharmacy)
**la
pharmacie**

driveway
l'entrée

bookstore
la librairie

movie
theater
le cinéma

parking lot
**le parc de
stationnement**

toy store
**le magasin
de jouets**

restaurant
**le
restaurant**

parking
meter
le parcomètre

grocery store
l'épicerie

clothing
store
**le magasin
de vêtements**

corner
le coin

bakery
**la
boulangerie**

fire hydrant
**la bouche
d'incendie**

butcher shop
la boucherie

hotel
l'hôtel

square
la place

fountain
la fontaine

traffic jam
l'embouteillage

statue
la statue

newspaper
le journal

crane
la grue

bench
le banc

sign
l'affiche

playground
**le terrain
de jeux**

park	jungle gym	swings	seesaw	slide	sandbox	beach
le parc	**le jungle-gym**	**les balançoires**	**la balançoire**	**le toboggan**	**le tas de sable**	**la plage**

9. In the Country À la campagne

farmer
le fermier

tractor
le tracteur

barn
la grange

hay
le foin

dog
le chien

puppy
le chiot

cat
le chat

kitten
le chaton

rooster
le coq

hen
la poule

chick
le poussin

pig
le cochon

piglet
le porcelet

rabbit
le lapin

bull
le taureau

cow
la vache

calf
le veau

horse
le cheval

colt
le poulain

duck
le canard

duckling
le caneton

goat
la chèvre

kid
le chevreau

goose
l'oie

gosling
l'oison

sheep
le mouton

lamb
l'agneau

mouse
la souris

horns
les cornes

donkey
l'âne

bees
les abeilles

frog
la grenouille

pond
l'étang

grass
l'herbe

fence
la clôture

tree
l'arbre

shadow
l'ombre

hill
la colline

road
la route

smoke
la fumée

picnic
le pique-nique

ant
la fourmi

dirt
la terre

tent
la tente

sky
le ciel

train tracks
la voie ferrée

sleeping bag
le sac de couchage

boy
le garçon

girl
la fille

baby
le bébé

farm
la ferme

man
l'homme

woman
la femme

10. In a Restaurant   Au restaurant

breakfast
**le petit
déjeuner**

lunch
le déjeuner

dinner
le dîner

yolk
**le jaune
d'œuf**

hamburger
le hamburger

steak
le bifteck

omelet
l'omelette

sandwich
le sandwich

fish
le poisson

toast
**le pain
grillé**

french fries
les frites

ham
le jambon

jam
la confiture

soup
le potage

chicken
le poulet

sausages
les saucisses

noodles
les nouilles

broccoli
le brocoli

coffee
le café

ketchup
le ketchup

celery
le céleri

tea
le thé

mustard
**la
moutarde**

salad
la salade

cream
la crème

salt
le sel

rice
le riz

sugar
le sucre

pepper
le poivre

mushroom
**le
champignon**

ice cream
la glace

tray
le plateau

meals
les repas

candle
la bougie

tablecloth
la nappe

waiter
le serveur

cake
le gâteau

straw
la paille

waitress
la serveuse

gift
le cadeau

birthday party
la fête d'anniversaire

soft drink
**la boisson
gazeuse**

knife
le couteau

fork
la fourchette

spoon
la cuillère

plate	saucer	cup	glass	bowl	napkin	menu
l'assiette	**la soucoupe**	**la tasse**	**le verre**	**le bol**	**la serviette**	**la carte**

11.   The Doctor's Office   Chez le médecin

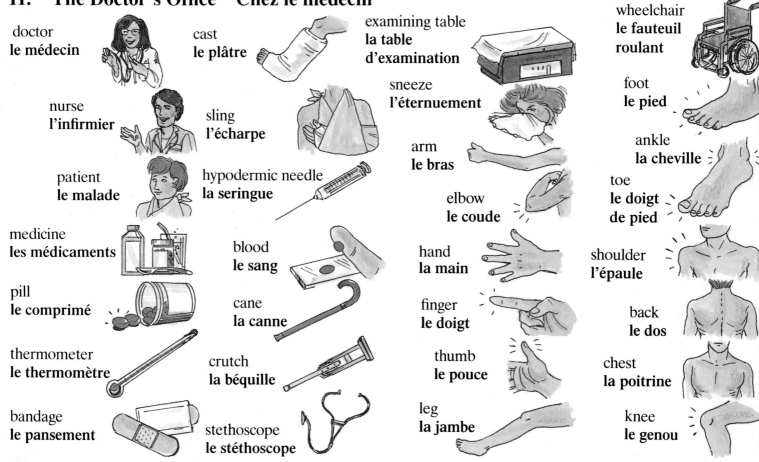

doctor
le médecin

nurse
l'infirmier

patient
le malade

medicine
les médicaments

pill
le comprimé

thermometer
le thermomètre

bandage
le pansement

cast
le plâtre

sling
l'écharpe

hypodermic needle
la seringue

blood
le sang

cane
la canne

crutch
la béquille

stethoscope
le stéthoscope

examining table
la table d'examination

sneeze
l'éternuement

arm
le bras

elbow
le coude

hand
la main

finger
le doigt

thumb
le pouce

leg
la jambe

wheelchair
le fauteuil roulant

foot
le pied

ankle
la cheville

toe
le doigt de pied

shoulder
l'épaule

back
le dos

chest
la poitrine

knee
le genou

The Dentist's Office   Chez le dentiste

dentist
le dentiste

waiting room
la salle d'attente

eyebrow
le sourcil

braces
l'appareil dentaire

ental hygienist
assistante

magazines
les revues

eyes
les yeux

head
la tête

tooth
la dent

X ray
la radiographie

nose
le nez

face
la figure

othbrush
brosse à dents

smile
le sourire

mouth
la bouche

cheek
la joue

toothpaste
le dentifrice

lips
les lèvres

chin
le menton

dental floss
le fil dentaire

tongue
la langue

ear
l'oreille

forehead
le front

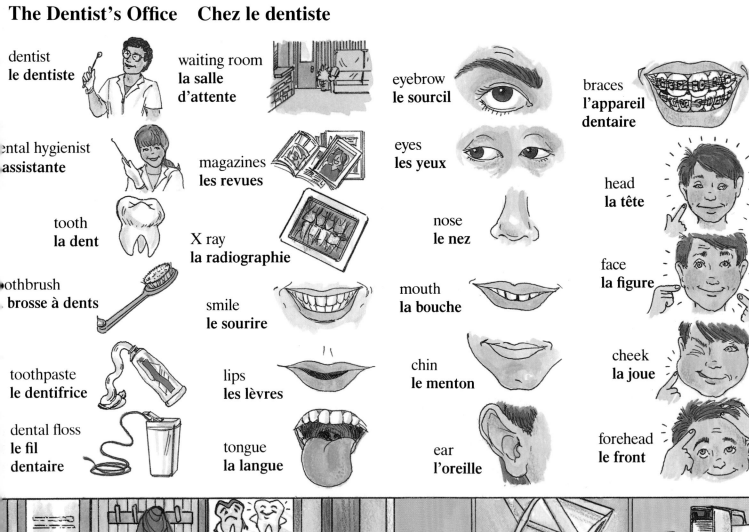

12. The Barber Shop/Beauty Salon Chez le coiffeur

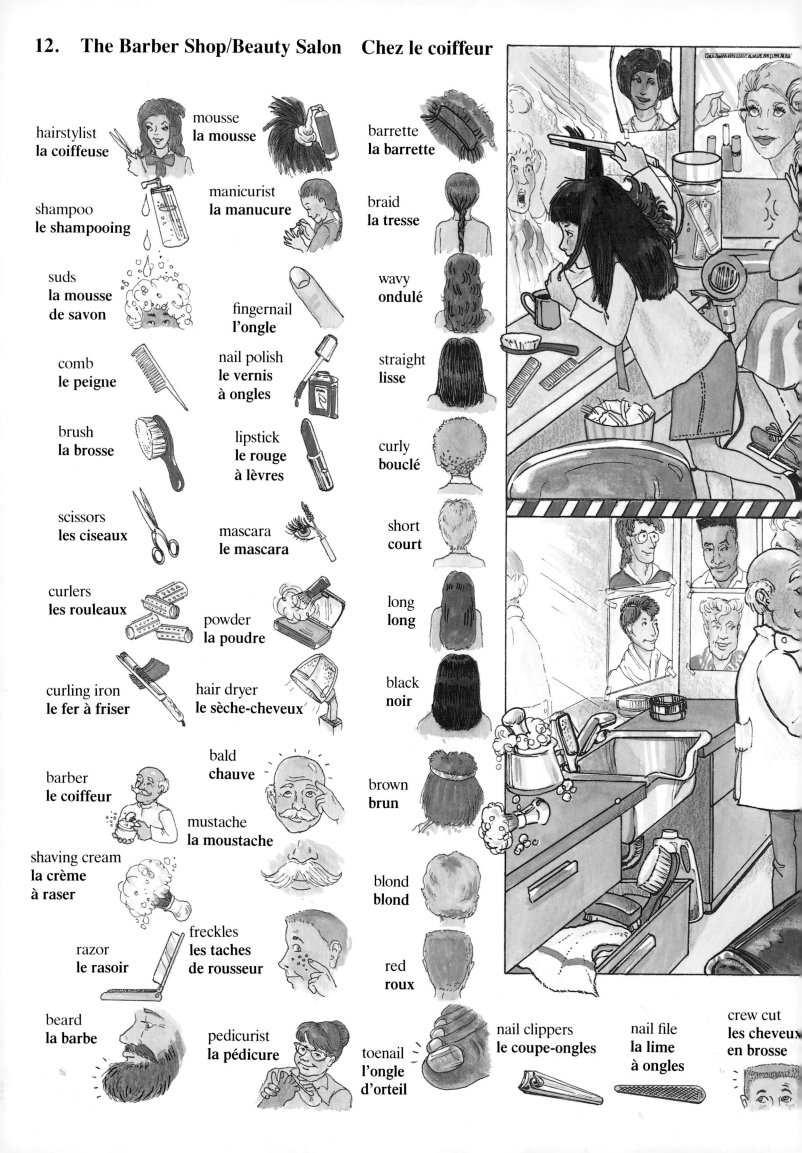

hairstylist
la coiffeuse

mousse
la mousse

barrette
la barrette

shampoo
le shampooing

manicurist
la manucure

braid
la tresse

suds
**la mousse
de savon**

fingernail
l'ongle

wavy
ondulé

comb
le peigne

nail polish
**le vernis
à ongles**

straight
lisse

brush
la brosse

lipstick
**le rouge
à lèvres**

curly
bouclé

scissors
les ciseaux

mascara
le mascara

short
court

curlers
les rouleaux

long
long

powder
la poudre

curling iron
le fer à friser

hair dryer
le sèche-cheveux

black
noir

barber
le coiffeur

bald
chauve

brown
brun

mustache
la moustache

shaving cream
**la crème
à raser**

blond
blond

razor
le rasoir

freckles
**les taches
de rousseur**

red
roux

beard
la barbe

pedicurist
la pédicure

toenail
**l'ongle
d'orteil**

nail clippers
le coupe-ongles

nail file
**la lime
à ongles**

crew cut
**les cheveux
en brosse**

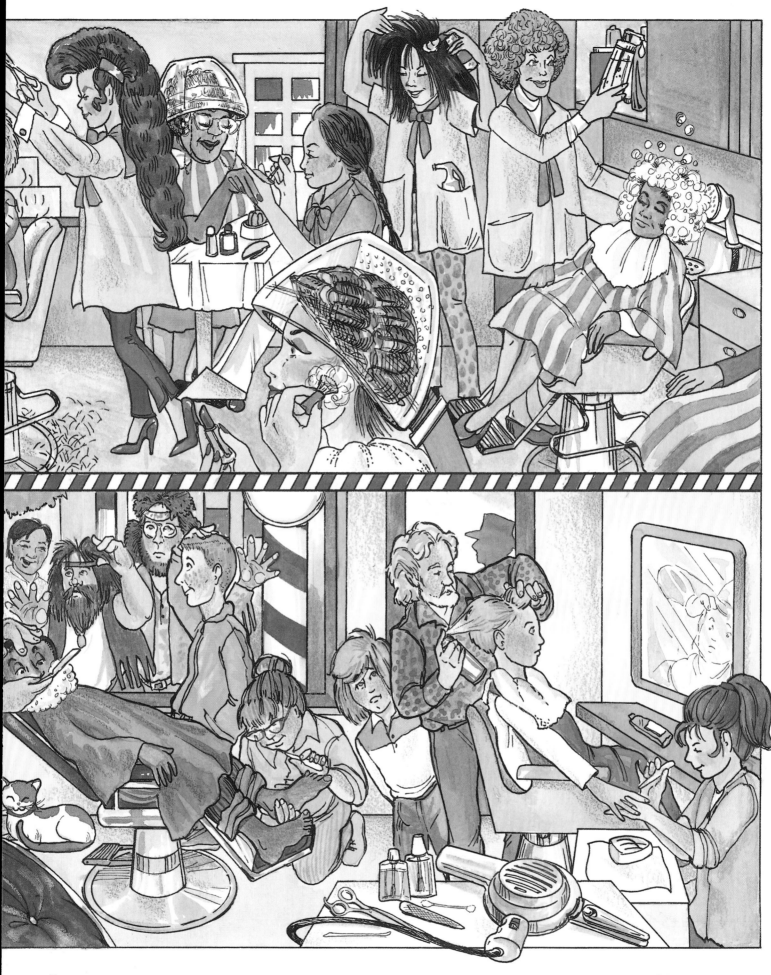

ponytail
**la queue
de cheval**

bangs
la frange

bun
le chignon

part
la raie

hair spray
la laque

hair
les cheveux

blow dryer
le sèche-cheveux

13. The Post Office La poste

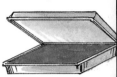

packing tape
le ruban adhésif

package
le paquet

scale
la balance

ink pad
le tampon encreu

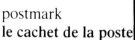

post-office box
la boîte postale

rubber stamp
le tampon

label
l'étiquette

rubber band
l'élastique

letter
la lettre

postcard
la carte postale

string
la ficelle

knot
le nœud

bow
le nœud

postmark
le cachet de la poste

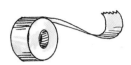

phone booth
la cabine téléphonique

return address
l'expéditeur

address
l'adresse

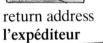

mailbox
la boîte aux lettres

zip code
le code postal

60016

mail slot
la fente

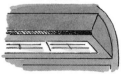

mailbag
le sac postal

postal worker
l'employé des postes

stamp
le timbre

The Bank   La banque

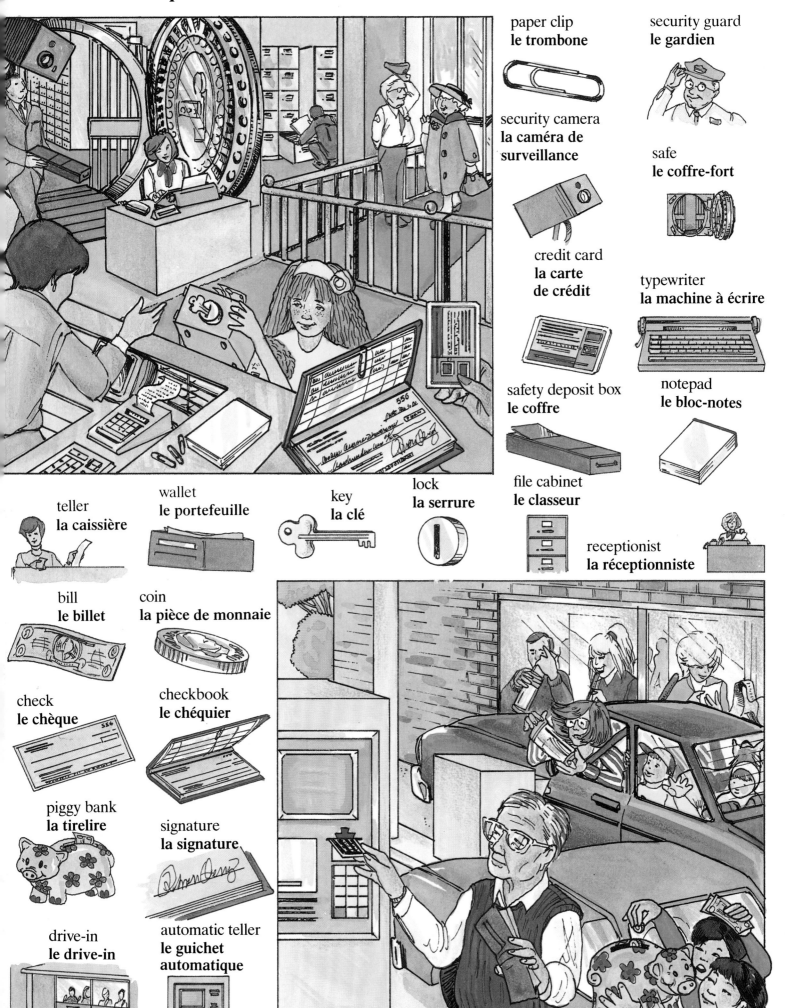

paper clip
le trombone

security guard
le gardien

security camera
la caméra de surveillance

safe
le coffre-fort

credit card
la carte de crédit

typewriter
la machine à écrire

safety deposit box
le coffre

notepad
le bloc-notes

file cabinet
le classeur

lock
la serrure

key
la clé

wallet
le portefeuille

teller
la caissière

receptionist
la réceptionniste

bill
le billet

coin
la pièce de monnaie

check
le chèque

checkbook
le chéquier

piggy bank
la tirelire

signature
la signature

drive-in
le drive-in

automatic teller
le guichet automatique

14. At the Gas Station   À la station-service

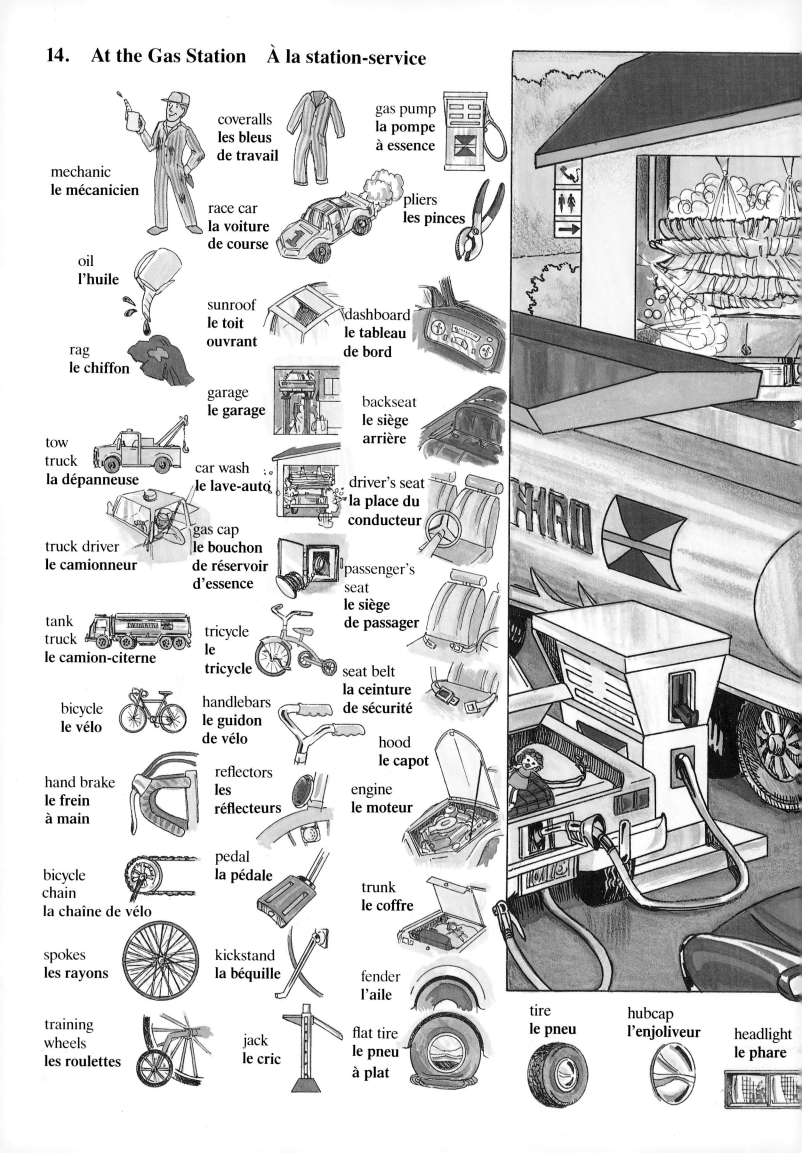

mechanic
le mécanicien

coveralls
les bleus de travail

gas pump
la pompe à essence

race car
la voiture de course

pliers
les pinces

oil
l'huile

sunroof
le toit ouvrant

dashboard
le tableau de bord

rag
le chiffon

garage
le garage

backseat
le siège arrière

tow truck
la dépanneuse

car wash
le lave-auto

driver's seat
la place du conducteur

truck driver
le camionneur

gas cap
le bouchon de réservoir d'essence

passenger's seat
le siège de passager

tank truck
le camion-citerne

tricycle
le tricycle

seat belt
la ceinture de sécurité

bicycle
le vélo

handlebars
le guidon de vélo

hood
le capot

hand brake
le frein à main

reflectors
les réflecteurs

engine
le moteur

bicycle chain
la chaîne de vélo

pedal
la pédale

trunk
le coffre

spokes
les rayons

kickstand
la béquille

fender
l'aile

training wheels
les roulettes

jack
le cric

flat tire
le pneu à plat

tire
le pneu

hubcap
l'enjoliveur

headlight
le phare

brake lights
les feux arrière

windshield
le pare-brise

windshield wipers
les essuie-glaces

steering wheel
le volant

rearview mirror
le rétroviseur
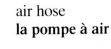

air hose
la pompe à air

door handle
**la poignée
de portière**

15. People in Our Community Les gens de notre quartier

saleswoman
la vendeuse

electrician
l'électricien

judge
la juge

cook
le cuisinier

model
le mannequin

architect
l'architecte

athlete
l'athlète

doorman
le portier

fire fighter
le pompier

bus driver
**la conductrice
d'autobus**

television repairer
le réparateur de télévision

taxi driver
le chauffeur de taxi

plumber
le plombier

fashion designer
la couturière

tour guide
**l'organisatrice
de voyages**

bookseller
le libraire

librarian
le bibliothécaire

computer programmer
la programmeuse

photographer
le photographe

gardener
le jardinier

painter
le peintre

salesman
le vendeur

secretary
la secrétaire

weather forecaster
le météorologue

veterinarian
la vétérinaire

policewoman
la femme-agent

disc jockey
le disc-jockey

reporter
le journaliste

construction worker
le constructeur

florist
la fleuriste

tailor
le tailleur

factory worker
l'ouvrière

optician
l'opticienne

butcher
le boucher

jeweler
le bijoutier

foreman
le chef d'équipe

carpenter
le charpentier

banker
le banquier

artist
l'artiste

pharmacist
la pharmacienne

sailor
le marin

lawyer
l'avocate

paramedic
l'auxiliaire médical

letter carrier
le facteur

fisherman
le pêcheur

cowboy
le cow-boy

policeman
l'agent de police

astronomer
l'astronome

16. Going Places (Transportation)
En voyage (le transport)

car
la voiture

airplane
l'avion

jeep
la jeep

hot-air balloon
la montgolfière

van
la camionnette

hang glider
le deltaplane

scooter
la trottinette

sail
la voile

helicopter
l'hélicoptère

skateboard
la planche à roulettes

sailboat
le bateau à voile

rowboat
le canot à rames

roller skates
les patins à roulettes

tugboat
le remorqueur

cruise ship
le paquebot

canoe
le canoë

train
le train

motorboat
le canot à moteur

blimp
le dirigeable

taxi
le taxi

police car
la voiture de police

camper
la caravane

stroller
la poussette

truck
le camion

bicycle
la bicyclette

baby carriage
la voiture d'enfant

fire engine
la voiture de pompiers

traffic lights
les feux de circulation

cement mixer
la bétonnière

ambulance
l'ambulance

Stop!
Arrêtez!

Wait!
Attendez!

motorcycle
la moto

bus
l'autobus

lighthouse
le phare

Go!
Passez!

school bus
l'autobus scolaire

street
la rue

intersection
le carrefour

sidewalk
le trottoir

dock
le quai

bus stop
l'arrêt d'autobus

bridge
le pont

crosswalk
le passage clouté

oar
la rame

boat
le bateau

stop sign
le stop

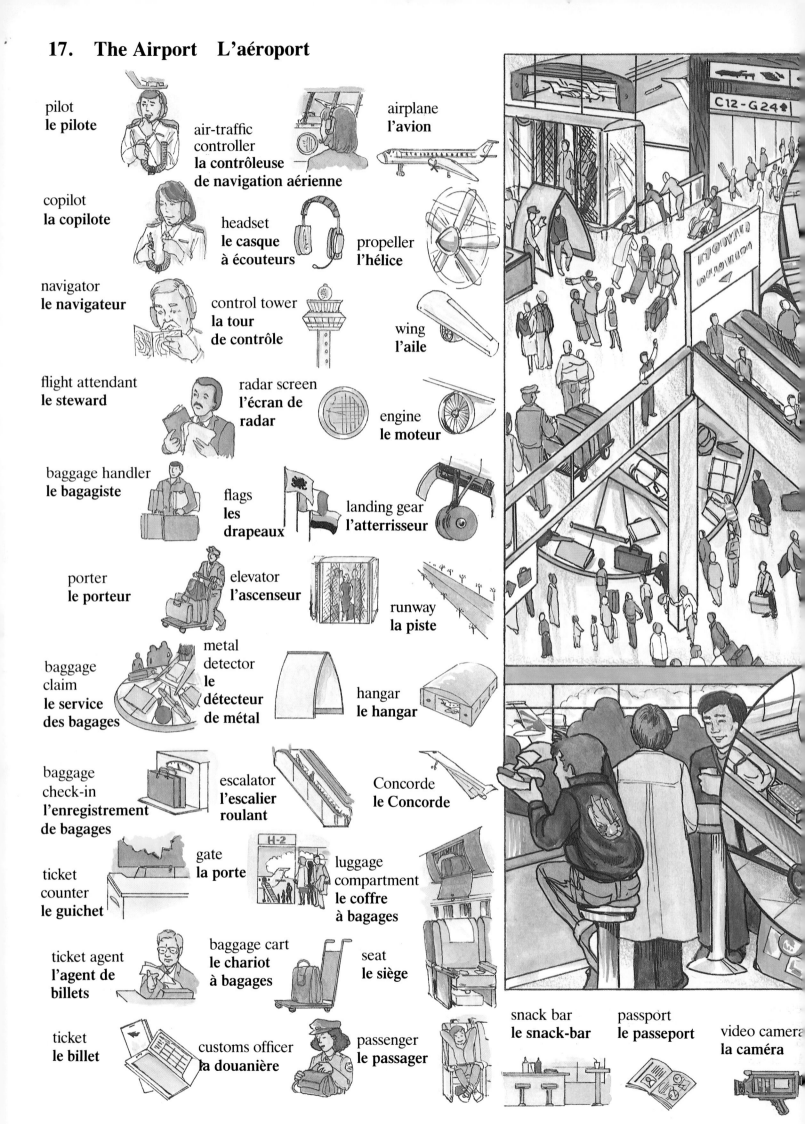

pilot
le pilote

air-traffic
controller
**la contrôleuse
de navigation aérienne**

airplane
l'avion

copilot
la copilote

headset
**le casque
à écouteurs**

propeller
l'hélice

navigator
le navigateur

control tower
**la tour
de contrôle**

wing
l'aile

flight attendant
le steward

radar screen
**l'écran de
radar**

engine
le moteur

baggage handler
le bagagiste

flags
**les
drapeaux**

landing gear
l'atterrisseur

porter
le porteur

elevator
l'ascenseur

runway
la piste

baggage
claim
**le service
des bagages**

metal
detector
**le
détecteur
de métal**

hangar
le hangar

baggage
check-in
**l'enregistrement
de bagages**

escalator
**l'escalier
roulant**

Concorde
le Concorde

ticket
counter
le guichet

gate
la porte

luggage
compartment
**le coffre
à bagages**

ticket agent
**l'agent de
billets**

baggage cart
**le chariot
à bagages**

seat
le siège

ticket
le billet

customs officer
la douanière

passenger
le passager

snack bar
le snack-bar

passport
le passeport

video camera
la caméra

tennis racket
la raquette le tennis

binoculars
les jumelles

camera
l'appareil-photo

purse
le sac à main

suitcase
la valise

garment bag
le sac à vêtements

briefcase
la serviette

18. Sports Le sport

gymnastics
la gymnastique

goggles
**les lunettes
de protection**

wrestling
la lutte

cross-country skiing
le ski de fond

cycling
le cyclisme

soccer
le football

long jump
le saut en longueur

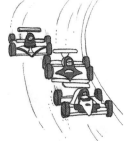
car racing
**la course
de voitures**

baseball
**la balle
de base-ball**

boxing
la boxe

badminton
le badminton

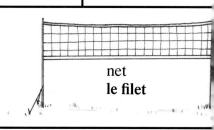
net
le filet

football
le football américain

skates
les patins

skating
le patinage

hurdles
le saut de haies

golf
le golf

medal
la médaille

horseback riding
l'équitation

baseball
le base-ball

jogging
le jogging

hockey
le hockey

tennis
le tennis

diving
le plongeon

weight lifting
les haltères

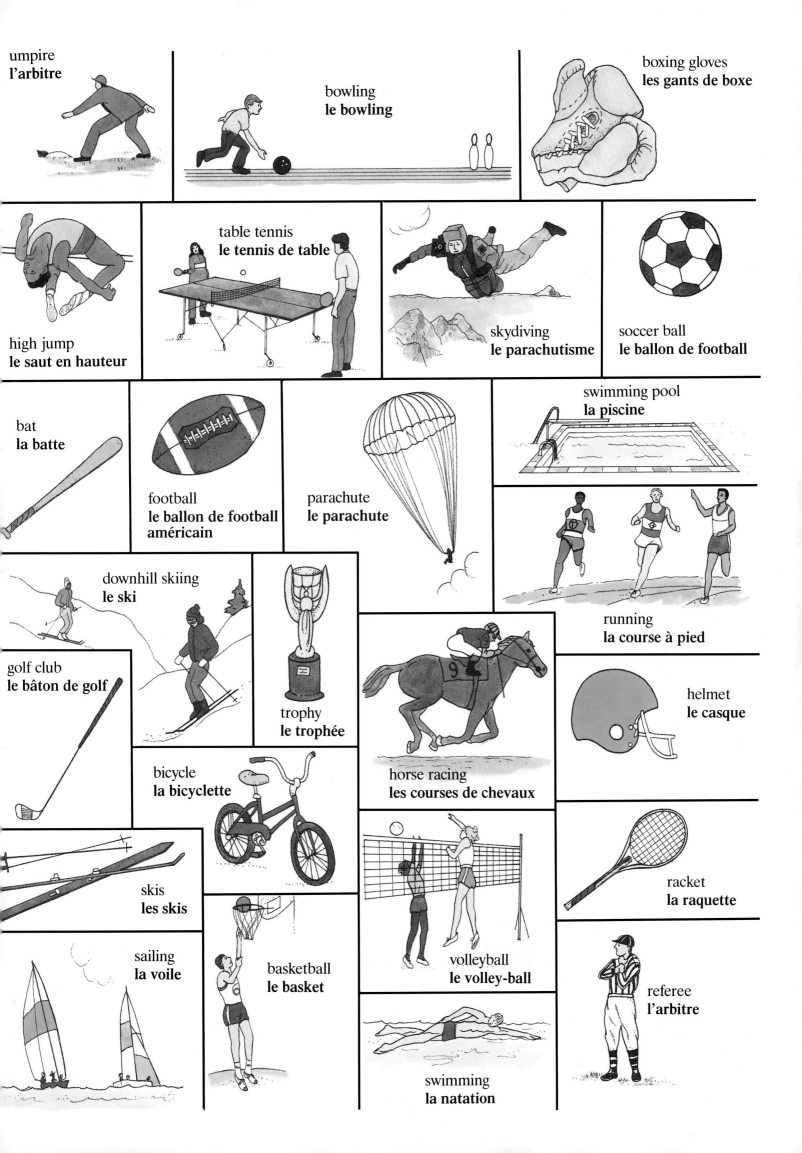

umpire **l'arbitre**

bowling **le bowling**

boxing gloves **les gants de boxe**

high jump **le saut en hauteur**

table tennis **le tennis de table**

skydiving **le parachutisme**

soccer ball **le ballon de football**

bat **la batte**

football **le ballon de football américain**

parachute **le parachute**

swimming pool **la piscine**

downhill skiing **le ski**

golf club **le bâton de golf**

trophy **le trophée**

running **la course à pied**

helmet **le casque**

bicycle **la bicyclette**

horse racing **les courses de chevaux**

skis **les skis**

sailing **la voile**

basketball **le basket**

volleyball **le volley-ball**

racket **la raquette**

swimming **la natation**

referee **l'arbitre**

19. The Talent Show   Le spectacle

actor
l'acteur

actress
l'actrice

children
les
enfants

auditorium
la salle

audience
les
spectateurs

singer
le chanteur

stage
la scène

curtain
le rideau

dancer
la danseuse

scenery
le décor

script
le texte

ballet slippers
les
chaussons
de danse

spotlight
le spot

dressing
room
la loge

tutu
le tutu

rope
la corde

sewing machine
la machine à
coudre

leotard
le maillot

microphone
le microphone

master of
ceremonies
le maître des
cérémonies

costume
le costume

makeup
le maquillage

orchestra pit
la fosse
d'orchestre

mask
le masque

sheet music
les partitions

orchestra
l'orchestre

wig
la perruque

conductor
le chef
d'orchestre

accordion
l'accordéon

cymbals
les
cymbales

trumpet
la trompette

saxophone
le saxophone

French horn
le cor
d'harmonie

piano
le piano

xylophone
le xylophone

violin
le violon

bow
l'archet

guitar
la guitare

drum
le tambour

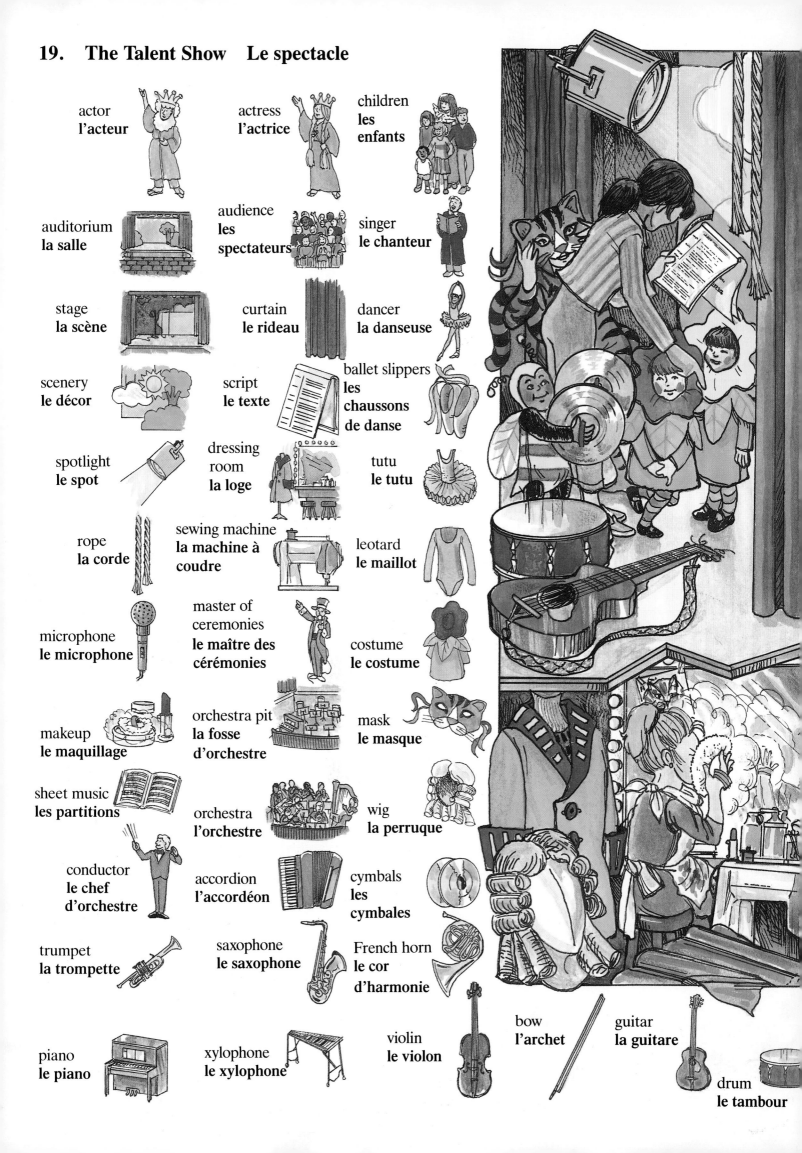

tuba
le tuba

flute
la flûte

trombone
le trombone

clarinet
la clarinette

cello
le violoncelle

strings
les cordes

harp
la harpe

20. At the Zoo   Au zoo

zookeeper
le gardien de zoo

elephant
l'éléphant

animals
les animaux

rhinoceros
le rhinocéros

ostrich
l'autruche

fox
le renard

lion
le lion

bear
l'ours

wolf
le loup

tiger
le tigre

bear cub
l'ourson

alligator
l'alligator

tiger cub
le petit tigre

polar bear
l'ours blanc

zebra
le zèbre

jaguar
le jaguar

panda
le panda

giraffe
la girafe

leopard
le léopard

gorilla
le gorille

monkey
le singe

flamingo
le flamant

parrot
le perroquet

hippopotamus
l'hippopotame

owl
le hibou

snake
le serpent

kangaroo
le kangourou

swan
le cygne

seal
le phoque

deer
la biche

penguin
le pingouin

walrus
le morse

lizard
le lézard

peacock
le paon

hump
la bosse

turtle
la tortue

eagle
l'aigle

camel
le chameau

horns
les cornes

wings
les ailes

feathers
les plumes

beak
le bec

paw
la patte

claws
les griffes

mane
la crinière

tail
la queue

hoof
le sabot

stripes
les rayures

spots
les taches

21. At the Circus   Au cirque

clown
le clown

popcorn
le pop-corn

caramel apple
la pomme enrobée de caramel

balloon
le ballon

peanuts
les cacahuètes

film
la pellicule

magician
le magicien

lion
le lion

tent pole
le mât de tente

elephant
l'éléphant

flashbulb
le flash

camera
l'appareil-photo

juggler
le jongleur

tickets
les tickets

baton
le bâton

turban
le turban

lightbulb
l'ampoule

night
la nuit

ticket booth
le guichet

stilts
les échasses

big top
le grand chapiteau

circus parade
la parade du cirque

rest rooms
les toilettes

bareback rider
la cavalière qui monte à cru

tightrope walker
la funambule

tightrope
la corde raide

handstand
faire l'arbre droit

headstand
faire le poirier

trapeze
le trapèze

acrobat
l'acrobate

somersault
la culbute

trapeze artist
le trapéziste

cage
la cage

ring
la piste

cartwheel
faire la roue

band
les musiciens

hoop
le cerceau

cotton candy
la barbe à papa

safety net
le filet de protection

rope ladder
l'échelle de corde

cape
la cape

lion tamer
le dompteur de lions

whip
le fouet

rope
la corde

ringmaster
Monsieur Loyal

unicycle
le monocycle

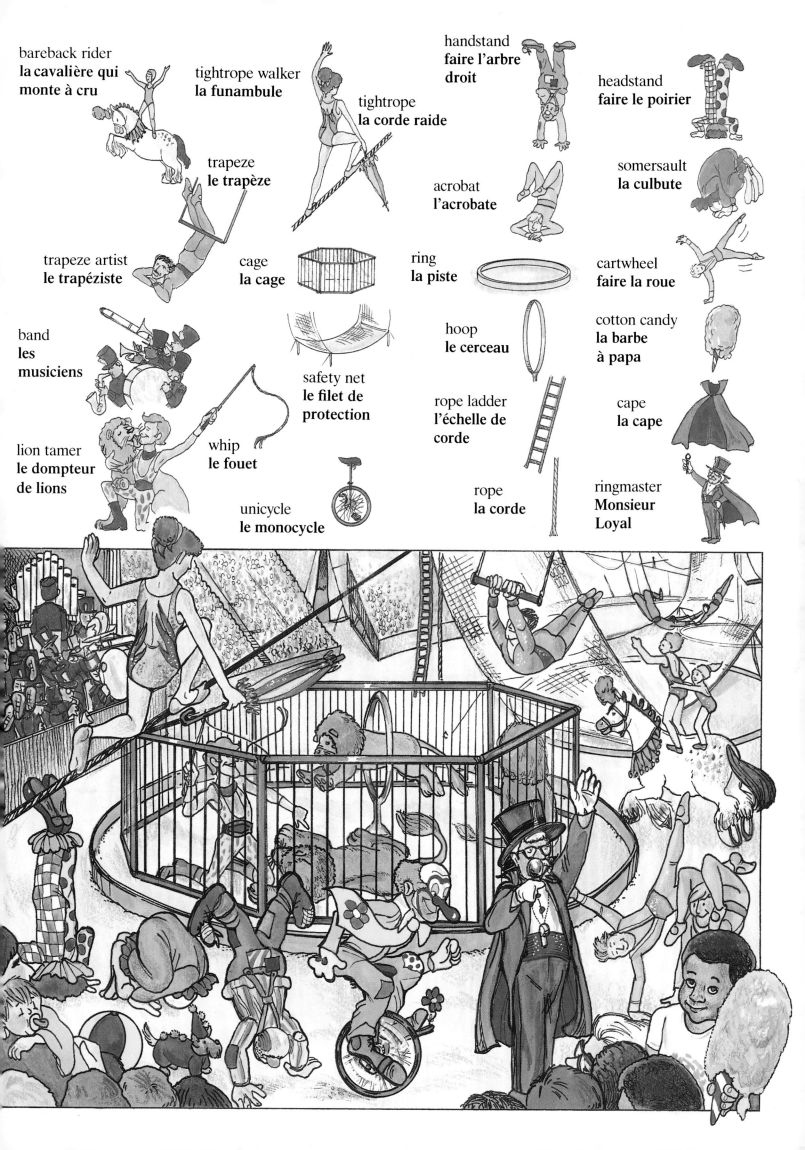

22. In the Ocean
L'océan

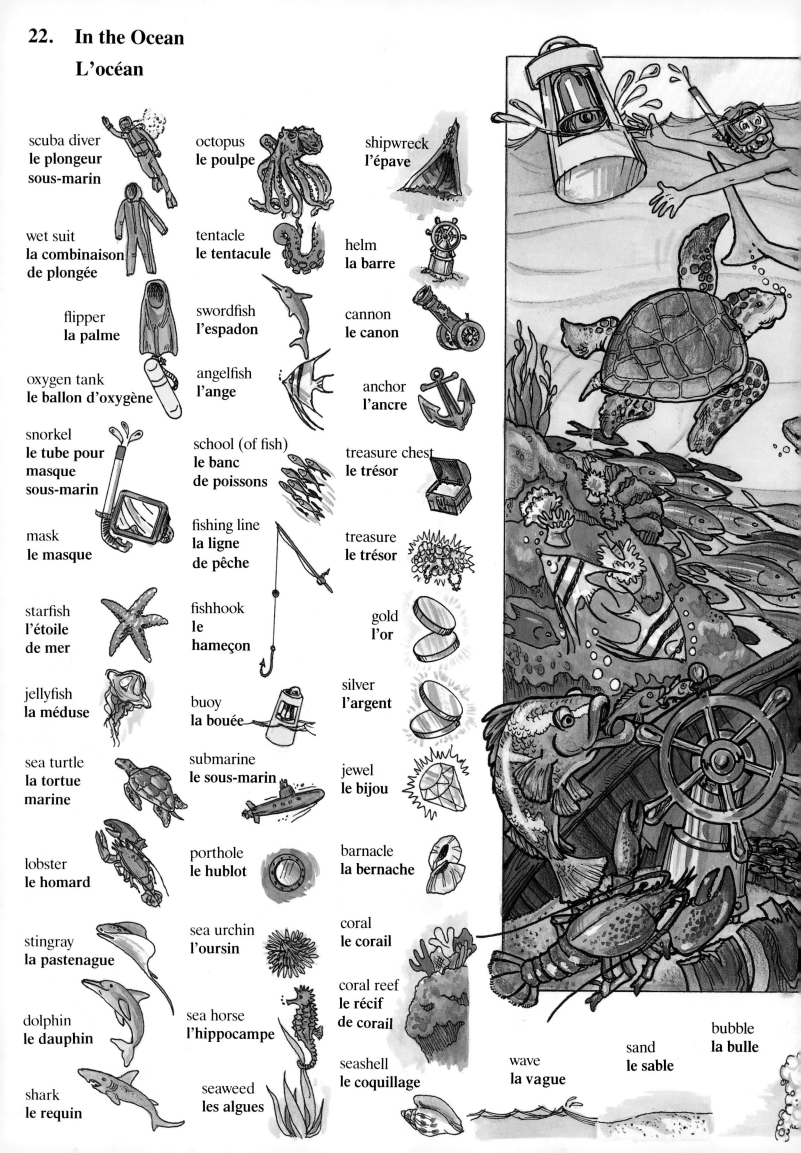

scuba diver
**le plongeur
sous-marin**

wet suit
**la combinaison
de plongée**

flipper
la palme

oxygen tank
le ballon d'oxygène

snorkel
**le tube pour
masque
sous-marin**

mask
le masque

starfish
**l'étoile
de mer**

jellyfish
la méduse

sea turtle
**la tortue
marine**

lobster
le homard

stingray
la pastenague

dolphin
le dauphin

shark
le requin

octopus
le poulpe

tentacle
le tentacule

swordfish
l'espadon

angelfish
l'ange

school (of fish)
**le banc
de poissons**

fishing line
**la ligne
de pêche**

fishhook
**le
hameçon**

buoy
la bouée

submarine
le sous-marin

porthole
le hublot

sea urchin
l'oursin

sea horse
l'hippocampe

seaweed
les algues

shipwreck
l'épave

helm
la barre

cannon
le canon

anchor
l'ancre

treasure chest
le trésor

treasure
le trésor

gold
l'or

silver
l'argent

jewel
le bijou

barnacle
la bernache

coral
le corail

coral reef
**le récif
de corail**

seashell
le coquillage

wave
la vague

sand
le sable

bubble
la bulle

cales
s écailles

gills
les ouïes

fin
la nageoire

clam
la palourde

crab
le crabe

squid
le calmar

whale
la baleine

23. Space
L'espace

astronaut
l'astronaute

footprint
l'empreinte de pied

space shuttle
la navette spatiale

cargo bay
la soute

control panel
le tableau de bord

satellite
le satellite

spaceship
la soucoupe volante

alien
l'extra-terrestre

antenna
l'antenne

constellation
la constellation

asteroid
l'astéroïde

solar system
le système solaire

space suit
le scaphandre de cosmonaute

space helmet
le casque d'astronaute

space walk
la marche dans l'espace

moon rock
la pierre de lune

lunar rover
la jeep lunaire

laboratory
le laboratoire

landing capsule
la capsule d'atterrissage

scientist
le savant

ladder
l'échelle

lab coat
la blouse de laboratoire

space station
la station spatiale

microscope
le microscope

solar panel
le panneau solaire

computer
l'ordinateur

meteor shower
la pluie de météores

beaker
le vase à bec

test tube
l'éprouvette

galaxy
la galaxie
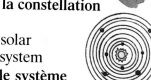

Earth
la terre

the moon
la lune

the sun
le soleil

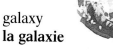

planet
planète

rings
les anneaux

crater
le cratère

stars
les étoiles

comet
la comète

nebula
la nébuleuse

rocket
**la fusée
interplanétaire**

robot
l'automate

24. Human History
L'Histoire humaine

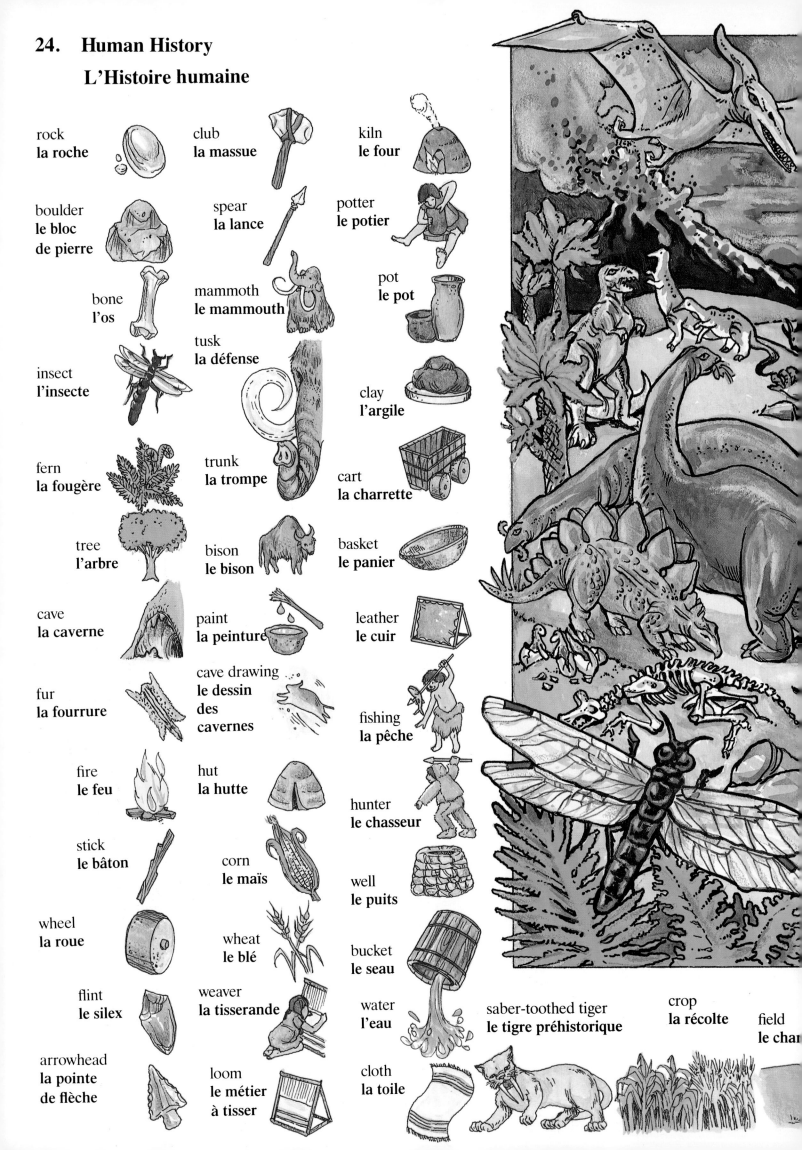

rock
la roche

boulder
**le bloc
de pierre**

bone
l'os

insect
l'insecte

fern
la fougère

tree
l'arbre

cave
la caverne

fur
la fourrure

fire
le feu

stick
le bâton

wheel
la roue

flint
le silex

arrowhead
**la pointe
de flèche**

club
la massue

spear
la lance

mammoth
le mammouth

tusk
la défense

trunk
la trompe

bison
le bison

paint
la peinture

cave drawing
**le dessin
des
cavernes**

hut
la hutte

corn
le maïs

wheat
le blé

weaver
la tisserande

loom
**le métier
à tisser**

kiln
le four

potter
le potier

pot
le pot

clay
l'argile

cart
la charrette

basket
le panier

leather
le cuir

fishing
la pêche

hunter
le chasseur

well
le puits

bucket
le seau

water
l'eau

cloth
la toile

saber-toothed tiger
le tigre préhistorique

crop
la récolte

field
le chan

village
le village

cave dwellers
**les habitants
des cavernes**

skeleton
le squelette

dinosaur
le dinosaure

pterodactyl
le ptérodactyle

25. The Make-Believe Castle   Le château de fantaisie

banner
la bannière

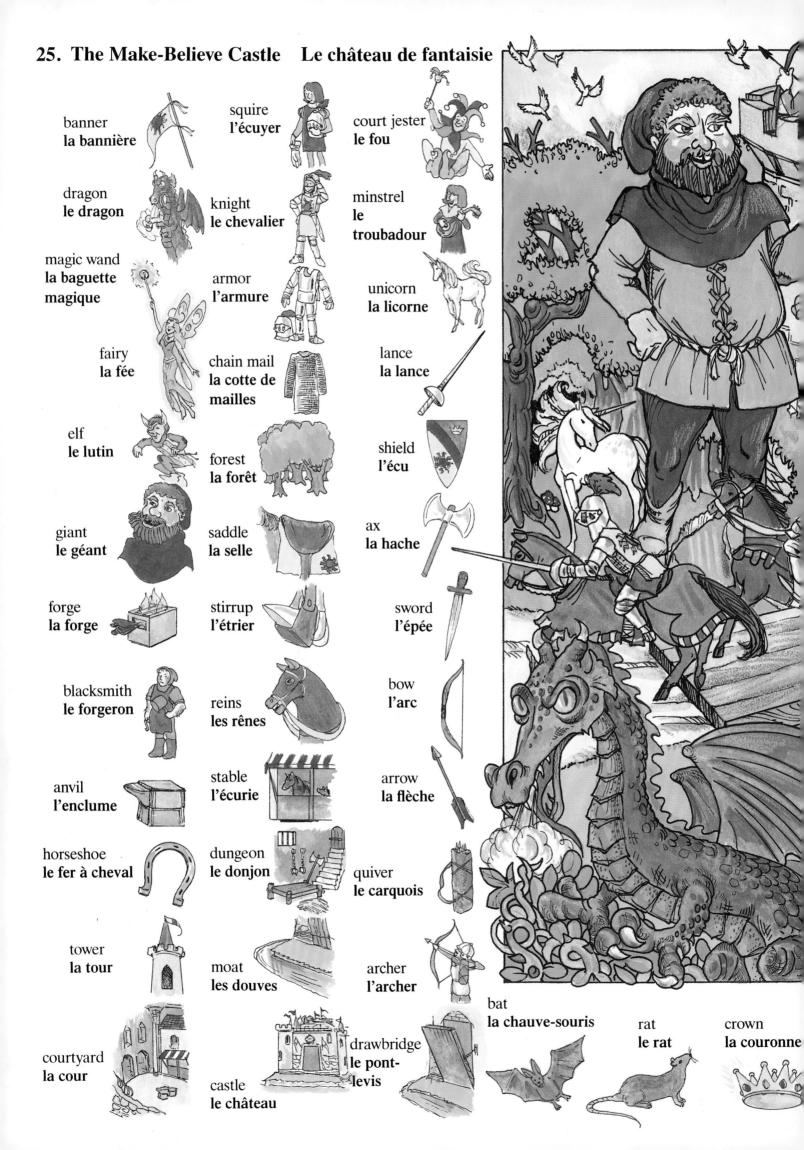

dragon
le dragon

magic wand
la baguette magique

fairy
la fée

elf
le lutin

giant
le géant

forge
la forge

blacksmith
le forgeron

anvil
l'enclume

horseshoe
le fer à cheval

tower
la tour

courtyard
la cour

squire
l'écuyer

knight
le chevalier

armor
l'armure

chain mail
la cotte de mailles

forest
la forêt

saddle
la selle

stirrup
l'étrier

reins
les rênes

stable
l'écurie

dungeon
le donjon

moat
les douves

castle
le château

court jester
le fou

minstrel
le troubadour

unicorn
la licorne

lance
la lance

shield
l'écu

ax
la hache

sword
l'épée

bow
l'arc

arrow
la flèche

quiver
le carquois

archer
l'archer

drawbridge
le pont-levis

bat
la chauve-souris

rat
le rat

crown
la couronne

king
le roi

queen
la reine

princess
la princesse

prince
le prince

throne
le trône

spider
l'araignée

spiderweb
**la toile
d'araignée**

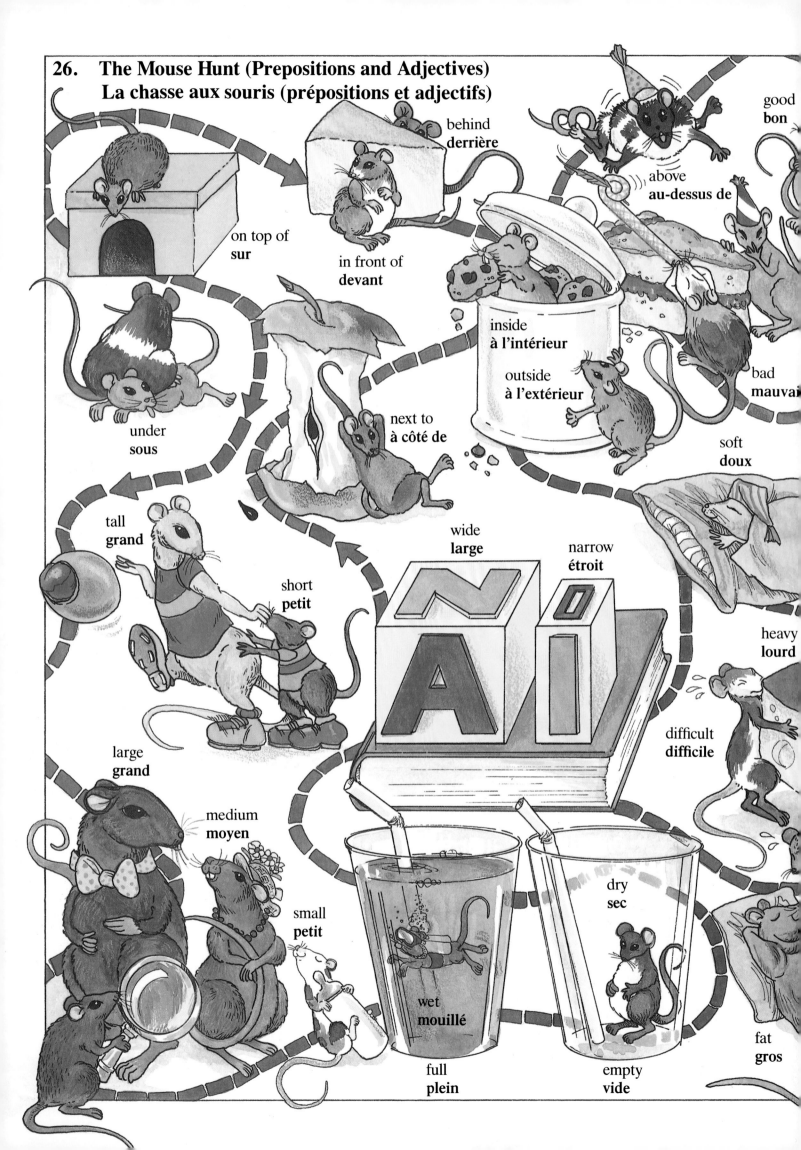

26. The Mouse Hunt (Prepositions and Adjectives)
La chasse aux souris (prépositions et adjectifs)

behind
derrière

good
bon

above
au-dessus de

on top of
sur

in front of
devant

inside
à l'intérieur

outside
à l'extérieur

bad
mauvai

under
sous

next to
à côté de

soft
doux

tall
grand

wide
large

narrow
étroit

short
petit

heavy
lourd

difficult
difficile

large
grand

medium
moyen

small
petit

dry
sec

wet
mouillé

full
plein

empty
vide

fat
gros

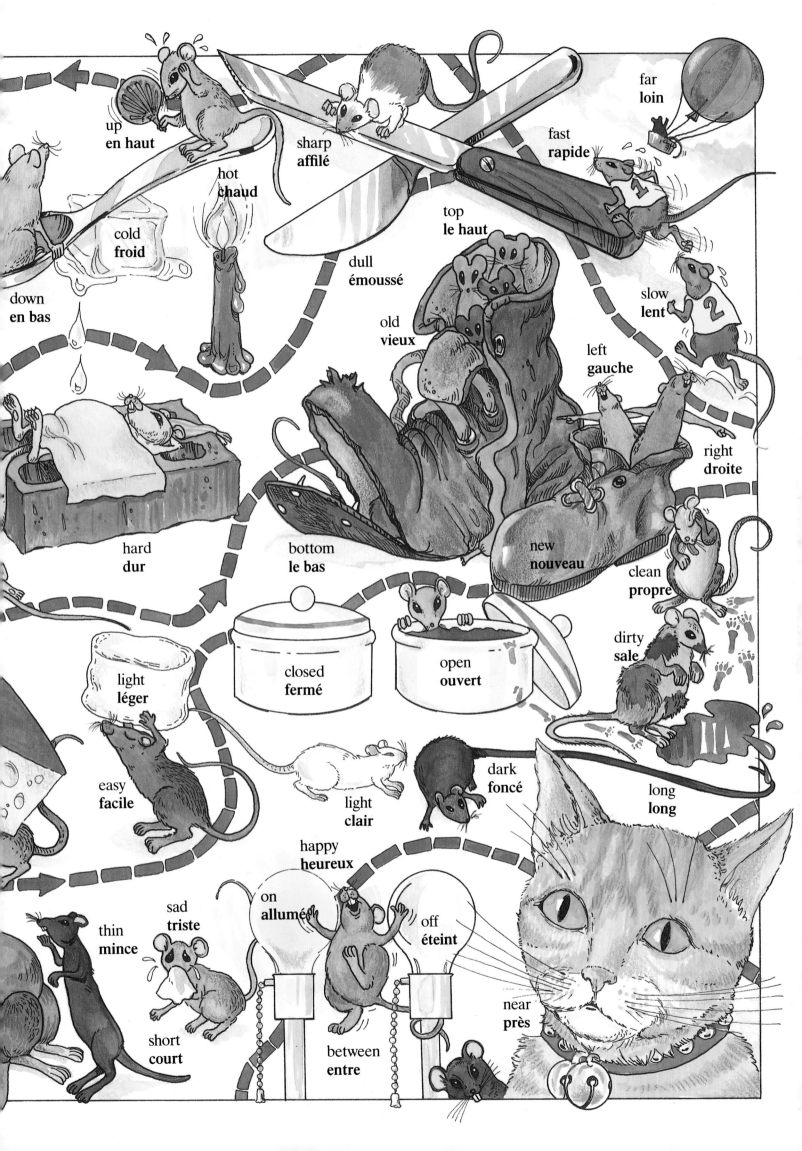

to drink **boire**

to eat **manger**

to sleep **dormir**

to wash (oneself) **se laver**

to skate **faire du patin**

to fall **tomber**

to cry **pleurer**

to laugh **rire**

to fly **voler**

to write **écrire**

to read **lire**

to play (a game) **jouer à**

to play (an instrument) **jouer de**

to sit down **s'asseoir**

to stand up **se lever**

to dance **danser**

to walk **marcher**

to run **courir**

to climb **grimper**

to jump **sauter**

to drive **conduire**

to push **pousser**

to sell **vendre**

to buy **acheter**

to ski **faire du ski**

to dive **plonger**

to swim **nager**

to paint **peindre**

to draw **dessiner**

to ride a bicycle **faire du vélo**

to come
venir

to go
aller

to throw
jeter

to catch
attraper

to watch
regarder

to sing
chanter

to talk
parler

to kick
donner un coup de pied

to listen (to)
écouter

to think
penser

to roar
rugir

to dig
creuser

to water
arroser

to juggle
jongler

to point (at)
montrer du doigt

to look for
chercher

to find
trouver

to give
donner

to receive
recevoir

to cut
couper

to cook
faire la cuisine

to open
ouvrir

to close
fermer

to take a bath
prendre un bain

to teach
enseigner

to break
casser

to fix
réparer

to carry
porter

to pull
tirer

to wait
attendre

28. Colors   Les couleurs

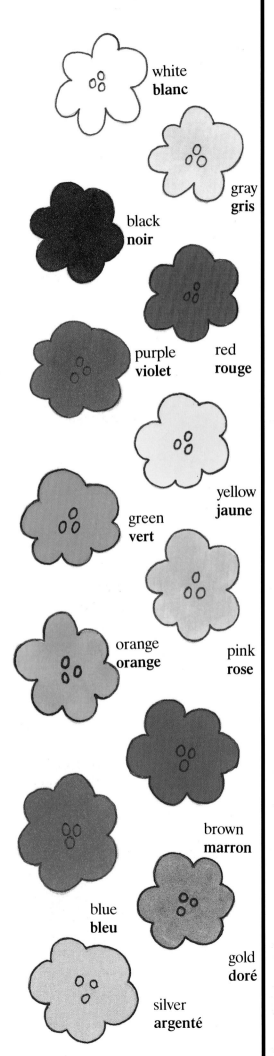

white
blanc

gray
gris

black
noir

purple
violet

red
rouge

yellow
jaune

green
vert

orange
orange

pink
rose

brown
marron

blue
bleu

gold
doré

silver
argenté

29. The Family Tree   L'arbre généalogique

grandmother, grandma
la grand-mère, grand-maman

father, dad
le père, papa

mother, mom
la mère, maman

son
le fils

brother
le frère

sister
la sœur

grandfather, grandpa
le grand-père, grand-papa

uncle
l'oncle

aunt
la tante

cousin
le cousin

cousin
la cousine

daughter
la fille

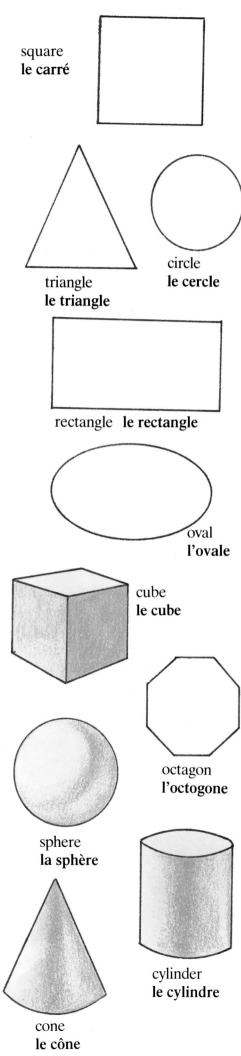

30. Shapes   Les formes

square
le carré

triangle
le triangle

circle
le cercle

rectangle   **le rectangle**

oval
l'ovale

cube
le cube

octagon
l'octogone

sphere
la sphère

cylinder
le cylindre

cone
le cône

31. Numbers Les nombres

Ordinal Numbers
Les nombres ordinaux

tenth
dixième

ninth
neuvième

eighth
huitième

sixth
sixième

seventh
septième

fourth
quatrième

fifth
cinquième

second
deuxième

third
troisième

first
premier

Cardinal Numbers
Les nombres cardinaux

0 zero **zéro**	½ one-half **un demi**	1 one **un**	2 two **deux**	3 three **trois**	4 four **quatre**	5 five **cinq**	6 six **six**
16 sixteen **seize**	17 seventeen **dix-sept**	18 eighteen **dix-huit**	19 nineteen **dix-neuf**	20 twenty **vingt**	21 twenty-one **vingt et un**		
28 twenty-eight **vingt-huit**	29 twenty-nine **vingt-neuf**	30 thirty **trente**	31 thirty-one **trente et un**				
37 thirty-seven **trente-sept**	38 thirty-eight **trente-huit**	39 thirty-nine **trente-neuf**	40 forty **quarante**				
46 forty-six **quarante-six**	47 forty-seven **quarante-sept**	48 forty-eight **quarante-huit**	49 forty-nine **quarante-neuf**				
55 fifty-five **cinquante-cinq**	56 fifty-six **cinquante-six**	57 fifty-seven **cinquante-sept**	58 fifty-eight **cinquante-huit**				
64 sixty-four **soixante-quatre**	65 sixty-five **soixante-cinq**	66 sixty-six **soixante-six**	67 sixty-seven **soixante-sept**				
73 seventy-three **soixante-treize**	74 seventy-four **soixante-quatorze**	75 seventy-five **soixante-quinze**	76 seventy-six **soixante-seize**				
82 eighty-two **quatre-vingt-deux**	83 eighty-three **quatre-vingt-trois**	84 eighty-four **quatre-vingt-quatre**	85 eighty-five **quatre-vingt-cin**				
91 ninety-one **quatre-vingt-onze**	92 ninety-two **quatre-vingt-douze**	93 ninety-three **quatre-vingt-treize**	94 ninety-four **quatre-vingt-quator**				

100	1,000	10,000
one hundred **cent**	one thousand **mille**	ten thousand **dix mille**

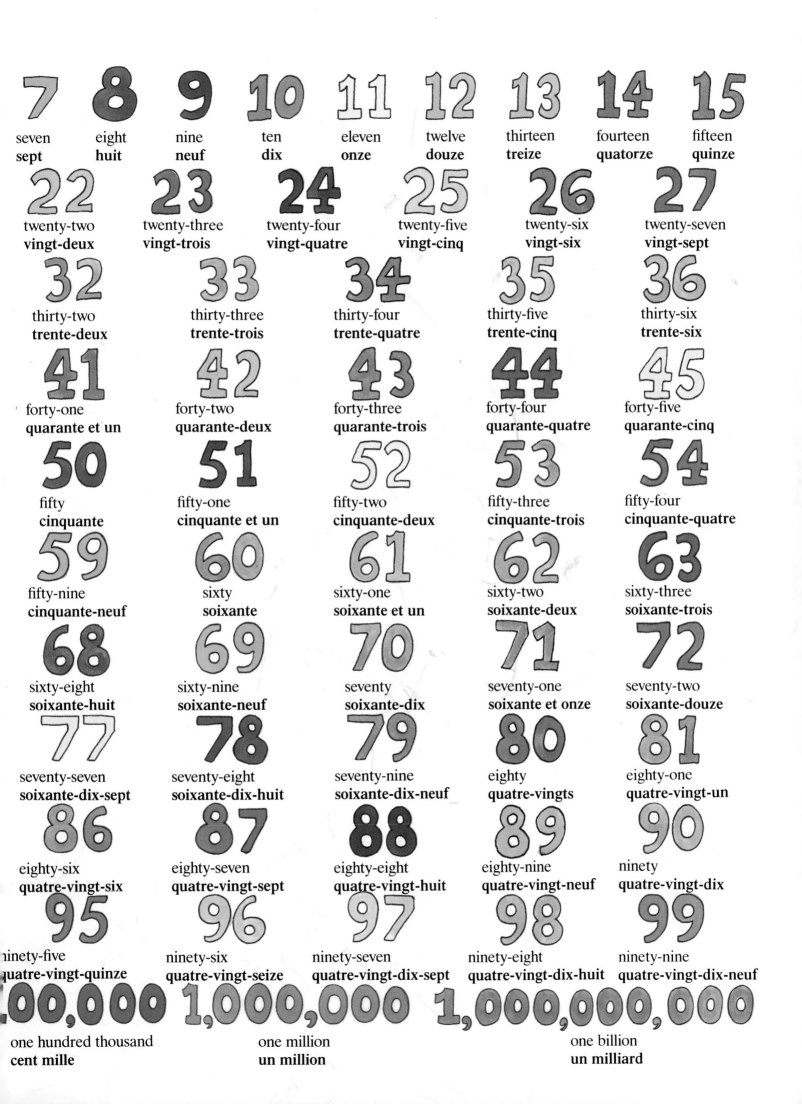

7 seven / sept

8 eight / huit

9 nine / neuf

10 ten / dix

11 eleven / onze

12 twelve / douze

13 thirteen / treize

14 fourteen / quatorze

15 fifteen / quinze

22 twenty-two / vingt-deux

23 twenty-three / vingt-trois

24 twenty-four / vingt-quatre

25 twenty-five / vingt-cinq

26 twenty-six / vingt-six

27 twenty-seven / vingt-sept

32 thirty-two / trente-deux

33 thirty-three / trente-trois

34 thirty-four / trente-quatre

35 thirty-five / trente-cinq

36 thirty-six / trente-six

41 forty-one / quarante et un

42 forty-two / quarante-deux

43 forty-three / quarante-trois

44 forty-four / quarante-quatre

45 forty-five / quarante-cinq

50 fifty / cinquante

51 fifty-one / cinquante et un

52 fifty-two / cinquante-deux

53 fifty-three / cinquante-trois

54 fifty-four / cinquante-quatre

59 fifty-nine / cinquante-neuf

60 sixty / soixante

61 sixty-one / soixante et un

62 sixty-two / soixante-deux

63 sixty-three / soixante-trois

68 sixty-eight / soixante-huit

69 sixty-nine / soixante-neuf

70 seventy / soixante-dix

71 seventy-one / soixante et onze

72 seventy-two / soixante-douze

77 seventy-seven / soixante-dix-sept

78 seventy-eight / soixante-dix-huit

79 seventy-nine / soixante-dix-neuf

80 eighty / quatre-vingts

81 eighty-one / quatre-vingt-un

86 eighty-six / quatre-vingt-six

87 eighty-seven / quatre-vingt-sept

88 eighty-eight / quatre-vingt-huit

89 eighty-nine / quatre-vingt-neuf

90 ninety / quatre-vingt-dix

95 ninety-five / quatre-vingt-quinze

96 ninety-six / quatre-vingt-seize

97 ninety-seven / quatre-vingt-dix-sept

98 ninety-eight / quatre-vingt-dix-huit

99 ninety-nine / quatre-vingt-dix-neuf

100,000 one hundred thousand / cent mille

1,000,000 one million / un million

1,000,000,000 one billion / un milliard

32. A Map of the World   La carte du monde

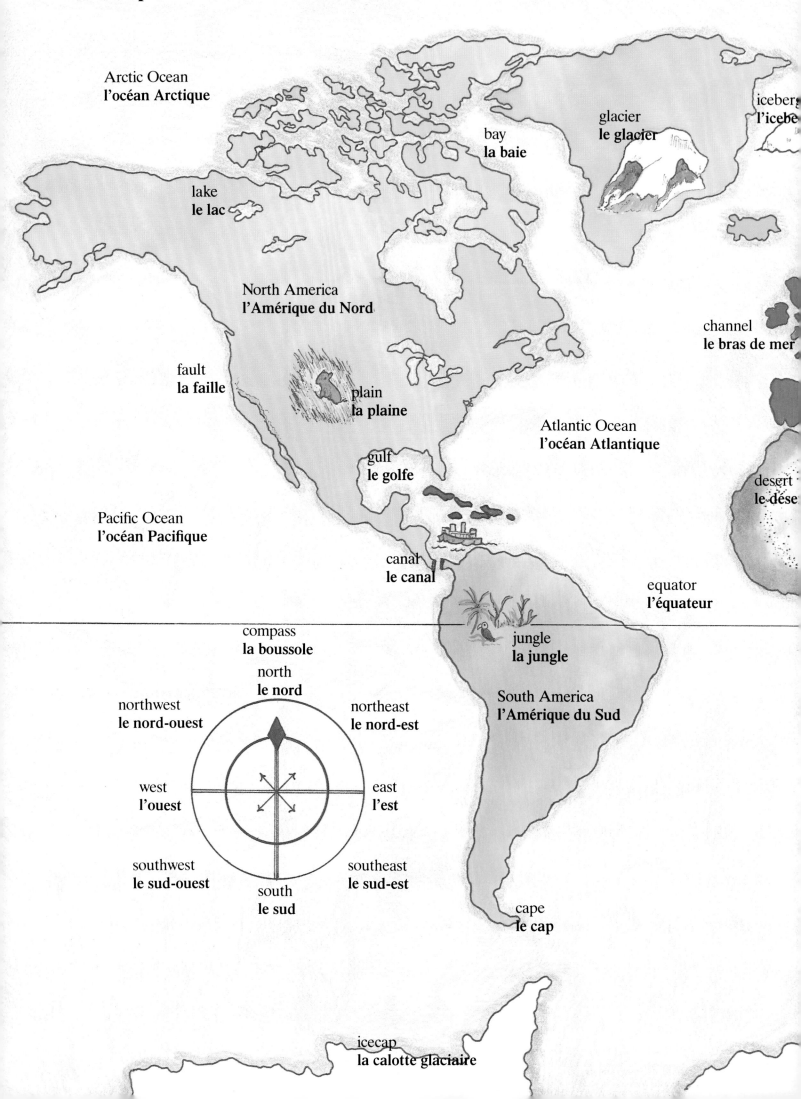

Arctic Ocean
l'océan Arctique

bay
la baie

glacier
le glacier

iceberg
l'icebe

lake
le lac

North America
l'Amérique du Nord

channel
le bras de mer

fault
la faille

plain
la plaine

Atlantic Ocean
l'océan Atlantique

gulf
le golfe

desert
le dése

Pacific Ocean
l'océan Pacifique

canal
le canal

equator
l'équateur

compass
la boussole

jungle
la jungle

north
le nord

northwest
le nord-ouest

northeast
le nord-est

South America
l'Amérique du Sud

west
l'ouest

east
l'est

southwest
le sud-ouest

southeast
le sud-est

south
le sud

cape
le cap

icecap
la calotte glaciaire

North Pole
le Pôle Nord

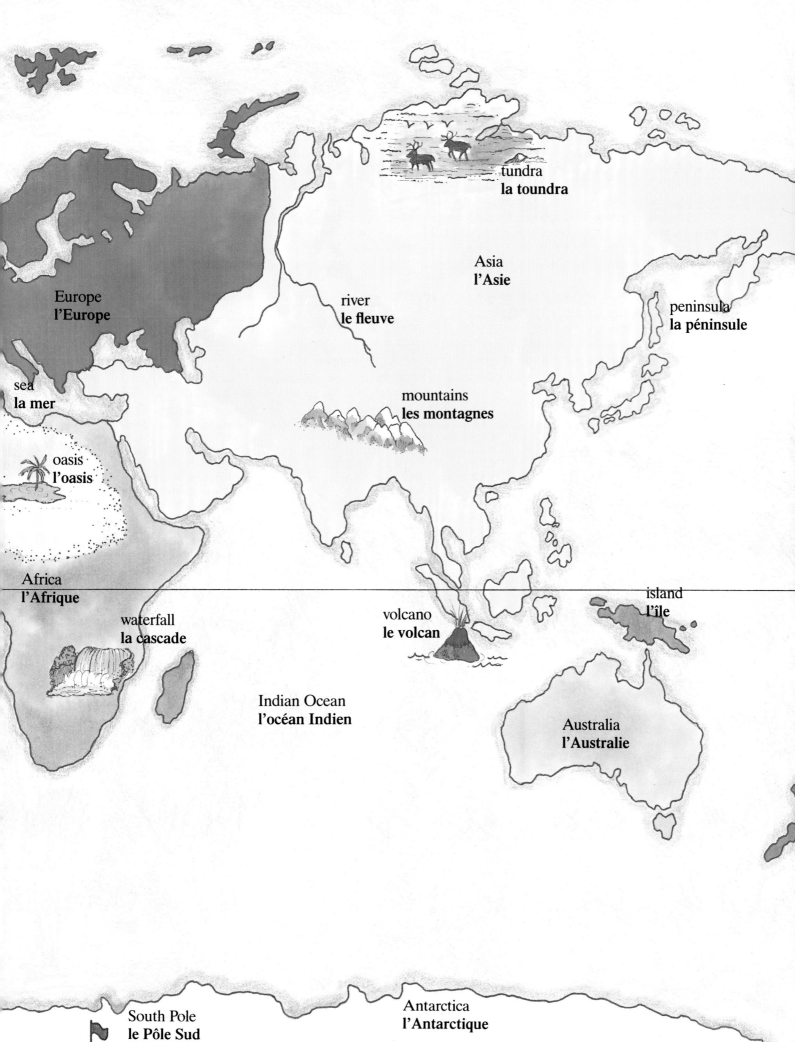

tundra
la toundra

Asia
l'Asie

river
le fleuve

peninsula
la péninsule

Europe
l'Europe

mountains
les montagnes

sea
la mer

oasis
l'oasis

Africa
l'Afrique

island
l'île

waterfall
la cascade

volcano
le volcan

Indian Ocean
l'océan Indien

Australia
l'Australie

South Pole
le Pôle Sud

Antarctica
l'Antarctique

French-English Glossary and Index

How to Say the Words in French

One of the most difficult things about learning a language is the pronunciation, how to say the words in the language. That's why we've written pronunciation guides to help you say the words in this book correctly. You will find a pronunciation guide in parentheses after each French word in the *French-English Glossary and Index*. It may look funny, but if you read it aloud, you will be saying the word correctly.

French has some sounds that are not found in English. We have used capital letters for these sounds in the pronunciation guides to help you spot them easily. The French *r* (*R* in the pronunciation guides) is pronounced at the back of the throat, a little like gargling. The combinations *eu* and *œ,* and sometimes the letter *e,* are spelled *ER* in the pronunciation guides. To say this sound, hold your tongue as if to make the *ay* sound and round your lips as if to make the *o* sound. To pronounce the French *u* (*U* in the pronunciation guides), hold your tongue as if to make the *ee* sound and round your lips as if to make the *o* sound. French also has four sounds called nasalized vowels. Pronounce these through your mouth and nose at the same

time. In the pronunciation guides, *AH* is nasalized *ah,* *EH* is nasalized *e,* *OH* is nasalized *o,* and *ER(n)* is the nasalized sound of *ER.* Whenever you see these letters in the pronunciation guides, remember to say the sounds through your nose and mouth together.

You should also remember the stressed syllables of words. When you say a word in English, you always say one syllable a little louder than the others. This is called the stressed syllable. In French, the stressed syllable is always the last one in the word. When you say a word in French, just say the last syllable a little louder than the others to use the correct stress.

Here are two final hints. When you read the pronunciation guides aloud, always pronounce *e* like the *e* in *let,* even when it comes before the letter *R.* Also, we have written the letter *a* as *ah* in the pronunciation guides because, in French, the letter *a* always sounds like the *a* in *father.*

After the pronunciation guide, the *French-English Glossary and Index* also gives you the English meaning for each word and the number of the picture where you can find that word.

la banane (lah bah-nahn), banana, 6
le banc (lER bAH), bench, 8
le banc de poissons (lER bAH dER pwah-sOH), school (of fish), 22
la bannière (lah bahn-nyeR), banner, 25
la banque (lah bAHk), bank, 13
le banquier (lER bAH-kyay), banker, 15
la barbe (lah bahRb), beard, 12
la barbe à papa (lah baRb ah pah-pah), cotton candy, 21
la barre (lah baR), helm, 22
la barrette (lah bah-Ret), barrette, 12
le bas (lER bah), bottom, 26
le base-ball (lER bays-buhl), baseball, 18
le basket (lER bahs-ket), basketball, 18
le bateau (lER bah-to), boat, 16
le bateau à voile (lER bah-to ah vwahl), sailboat, 16
la bâtiment (lER bah-tee-mEH), building, 8
le bâton (lER bah-tOH), baton, 21; stick, 24
le bâton de golf (lEr bah-tOH dER golf), golf club, 18
la batte (lah baht), bat, 18
le batteur électrique (lER bah-tERR ay-lek-tReek), electric mixer, 3
le bébé (lER bay-bay), baby, 9
le bec (lER bek), beak, 20
la béquille (lah bay-keey), crutch, 11; kickstand, 14
le berceau (lER beR-so), cradle, 4
la bernache (lah beR-nahsh), barnacle, 22
la bétonnière (lah bay-ton-yeR), cement mixer, 16
le beurre (lER bERR), butter, 6
le bibliothécaire (lER beeb-lyo-te-keR), librarian, 15
la biche (lah beesh), deer, 20
la bicyclette (lah bee-seek-let), bicycle, 16, 18
le bifteck (lER beef-tek), steak, 10
le bijou (lER bee-joo), jewel, 22
le bijoutier (lER bee-joo-tyay), jeweler, 15
les billes (lay beey), marbles, 4
le billet (lER bee-yay), bill, 13; ticket, 17
les biscuits salés (lay bees-kUee sah-lay), crackers, 6
le bison (lER bee-sOH), bison, 24
blanc (blAH), white, 28
la blanchisserie (lah blAH-shee-sRee), utility room, 3
le blé (lER blay), wheat, 24
bleu (blER), blue, 28
les bleus de travail (lay blER dER trah-viy), coveralls, 14
le bloc de pierre (lER bluhk dER pyeR), boulder, 24
le bloc-notes (lER bluhk-nuht), notepad, 13
blond (blOH), blond, 12
la blouse de laboratoire (lah blooz dER lah-bo-Rah-twaR), lab coat, 23
le blouson (lER bloo-zOH), jacket, 7
boire (bwaR), drink, 27
le bois (lER bwah), wood, 3
la boisson gazeuse (lah bwah-sOH gah-zERz), soft drink, 10
la boîte (lah bwaht), box, 4
la boîte à musique (lah bwaht ah mU-zeek), music box, 4
la boîte à outils (lah bwaht ah oo-tee), toolbox, 3
la boîte aux lettres (lah bwaht o letR), mailbox, 13
la boîte de conserve (lah bwaht dER kOH-seRv), can, 6
la boîte postale (lah bwaht pos-tahl), post-office box, 13

le bol (lER buhl), bowl, 10
bon (bOH), good, 26
les bonbons (lay bOH-bOH), candy, 6
le bonhomme de neige (lER buhn-uhm dER nej), snowman, 5
le bonnet de ski (lER buhn-nay dER skee), cap, 7
la bosse (lah buhs), hump, 20
les bottes (lay buht), boots, 7
les bottes de cow-boy (lay buht dER ko-boy), cowboy boots, 4
la bouche (lah boosh), mouth, 11
la bouche d'incendie (lah boosh dEH-sAH-dee), fire hydrant, 8
le boucher (lER boo-shay), butcher, 15
la boucherie (lah boosh-Ree), butcher shop, 8
le bouchon de réservoir d'essence (lER boo-shOH dER ray-zeR-vwahR des-sAHs), gas cap, 14
la boucle (lah bookl), buckle, 7
bouclé (boo-klay), curly, 12
la boucle d'oreille (lah bookl do-Ray), earring, 7
la boue (lah boo), mud, 5
la bouée (lah bway), buoy, 22
la bougie (lah boo-jee), candle, 10
la bouilloire (lah booy-wahR), kettle, 3
la boulangerie (lah boo-lAHj-Ree), bakery, 8
la boule de neige (lah bool dER nej), snowball, 5
la boussole (lah boo-sol), (magnetic) compass, 32
la bouteille (lah boo-tay), bottle, 6
le bouton (lER boo-tOH), button, 7
le bowling (lER bo-leeng), bowling, 18
la boxe (lah buhks), boxing, 18
le bracelet (lER bRahs-lay), bracelet, 7
la branche (lah bRAHsh), branch, 5
le bras (lER bRah), arm, 11
le bras de mer (lER bRah dER meR), channel, 32
la brique (lah bReek), brick, 3
le brocoli (lER bRo-ko-lee), broccoli, 10
la brosse à dents (lah bRuhs ah dEH), toothbrush, 11
la brosse (lah bRuhs), brush, 12
le brouillard (lER bRoo-yaR), fog, 5
brun (bRER(n)), brown, 12
la bûche (lah bUsh), log, 5
le buisson (lER bUee-sOH), bush, 5
la bulle (lah bUl), bubble, 22
le bureau du maître (lER bU-Ro dU metR), teacher's desk, 1

la cabine téléphonique (lah kah-been tay-lay-fo-neek), phone booth, 13
les cacahuètes (lay kah-kah-wet), peanuts, 21
le cachet de la poste (lER kah-shay dER lah puhst), postmark, 13
le cactus (lER kahk-tUs), cactus, 1
le cadeau (lER kah-do), gift, 10
le cadre (lER kahdR), picture frame, 4
le café (lER kah-fay), coffee, 10
la cage (lah kahj), cage, 21
le cahier (lER kah-yay), notebook, 1
la caisse (lah kes), cash register, 6
la caissière (lah ke-syeR), cashier, 6; teller, 13
la calculatrice (lah kahl-kU-lah-tRees), calculator, 1
le calendrier (lER kah-lAH-dRee-ay), calendar, 1
le calmar (lER kahl-mahR), squid, 22
la calotte glaciaire (lah kah-luht glah-syeR), icecap, 32

la caméra (lah kah-may-Rah), video camera, 17
la caméra de surveillance (lah kah-may-Rah dER sUR-vay-AHs), security camera, 13
le camion (lER kah-myOH), truck, 16
le camion-citerne (lER kah-myOH-see-teRn), tank truck, 14
la camionnette (lah kah-myuhn-net), van, 16
le camionneur (lER kah-myuhn-nERR), truck driver, 14
la campagne (lah kAH-pahn), country, 9
le canal (lER kah-nahl), canal, 32
le canapé (lER kah-nah-pay), sofa, 2
le canard (lER kah-nahR), duck, 9
le caneton (lER kahn-tOH), duckling, 9
la canne (lah kahn), cane, 11
le canoë (lER kah-noay), canoe, 16
le canon (lER kah-nOH), cannon, 22
le canot à moteur (lER kah-no ah mo-tERR), motorboat, 16
le canot à rames (lER kah-no ah Rahm), rowboat, 16
le cap (lER kahp), cape, 32
la cape (lah kahp), cape, 21
le capot (lER kah-po), hood, 14
la capsule d'atterrissage (lah kahp-sUl daht-teR-Rees-ahj), landing capsule, 23
le capuchon (lER kah-pU-shOH), hood, 7
la caravane (lah kah-Rah-vahn), camper, 16
les carottes (lay kah-Ruht), carrots, 6
le carquois (lER kahR-kwah), quiver, 25
le carré (lER kah-Ray), square, 30
le carrefour (lER kahR-fooR), intersection, 16
la carte (lah kahRt), map, 1, 32; menu, 10
la carte de crédit (lah kahRt dER kRay-dee), credit card, 13
la carte postale (lah kahRt puhs-tahl), postcard, 13
les cartes (lay kahRt), cards, 4
la cascade (lah kahs-kahd), waterfall, 32
la caserne de pompiers (lah kah-zeRn dER pOH-pyay), fire station, 8
le casque (lER kahsk), helmet, 18
le casque à écouteurs (lER kahsk ah ay-koo-teRR), headset, 17
le casque d'astronaute (lER kahsk dahs-tRo-not), space helmet, 23
casser (kah-say), break, 27
la cassette (lah kah-set), cassette tape, 2
la cavalière qui monte à cru (lah kah-vah-lyeR kee mOHt ah kRU), bareback rider, 21
la caverne (lah kah-veRn), cave, 24
le CD (lER say-day), compact disc, 2
la ceinture (lah sEH-tUR), belt, 7
la ceinture de sécurité (lah sEH-tUR dER say-kU-Ree-tay), seat belt, 14
le céleri (lER sayl-Ree), celery, 10
cent mille (sAH meel), one hundred thousand, 31
cent (sAH), one hundred, 31
le cerceau (lER seR-so), hoop, 21
le cercle (lER seRkl), circle, 30
les céréales (lay say-Ray-ahl), cereal, 6
le cerf-volant (lER seR-vo-lAH), kite, 5
les cerises (lay sER-Reez), cherries, 6
la chaîne de vélo (lah shen dER vay-lo), bicycle chain, 14
la chaise (la shez), chair, 3
la chaise à bascule (lah shez ah bahs-kUl), rocking chair, 2, 4
la chambre à coucher (lah shAHbR ah koo-shay), bedroom, 2
le chameau (lER shah-mo), camel, 20
le champ (lER shAH), field, 24
le champignon (lER shAH-pee-nyOH), mushroom, 10
la chandelle de glace (lah shAH-del dER glahs), icicle, 5

derrière (deR-RyeR), behind, 26
les dés (lay day), dice, 4
le désert (lER day-zeR), desert, 32
le dessin (lER day-sEH), picture, 1
le dessin des cavernes (lER day-sEH day kah-veRn), cave drawing, 24
dessiner (day-see-nay), draw, 27
le détecteur de métal (lER day-tek-tERR dER may-tahl), metal detector, 17
le détergent (lER day-teR-jAH), laundry detergent, 3
deux (dER), two, 31
deuxième (dER-zyem), second, 31
devant (dER-vAH), in front of, 26
difficile (dee-fee-seel), difficult, 26
le dîner (lER dee-nay), dinner, 10
le dinosaure (lER dee-no-zoR), dinosaur, 24
le dirigeable (lER dee-Ree-jahbl), blimp, 16
le disc-jockey (lER deesk-jo-kay), disc jockey, 15
le disque (lER deesk), record, 2
dix (dees), ten, 31
dix-huit (dees-Ueet), eighteen, 31
dix mille (dee meel), ten thousand, 31
dix-neuf (deez-nERf), nineteen, 31
dix-sept (dees-set), seventeen, 31
dixième (dee-zyem), tenth, 31
le doigt (lER dwah), finger, 11
le doigt de pied (lER dwah dER pyay), toe, 11
le dompteur de lions (lER dOH-tERR dER lyOH), lion tamer, 21
le donjon (lER dOH-jOH), dungeon, 25
donner (duh-nay), give, 27
donner un coup de pied (duh-nay ER(n) koo dER pyay), kick, 27
doré (do-Ray), gold, 28
dormir (doR-meeR), sleep, 27
le dos (lER do), back, 11
la douanière (lah dwah-nyeR), customs officer, 17
la douche (lah doosh), shower, 2
les douves (lay doov), moat, 25
doux (doo), soft, 26
douze (dooz), twelve, 31
le dragon (lER dRah-gOH), dragon, 25
le drap (lER dRah), sheet, 2
les drapeaux (lay dRah-po), flags, 17
le drive-in (lER dRiv-een), drive-in, 13
droite (dRwaht), right, 26
dur (dUR), hard, 26

l'eau (lo), water, 24
les écailles (layz ay-kiy), scales, 22
l'écharpe (lay-shaRp), scarf, 7; sling, 11
les échasses (layz ay-shahs), stilts, 21
l'échelle (lay-shel), ladder, 23
l'échelle de corde (lay-shel dER koRd), rope ladder, 21
l'éclair (layk-leR), lightning, 5
l'école (lay-kuhl), school, 8
écouter (ay-koo-tay), listen (to), 27
l'écran de radar (lay-krAH dER Rah-daR), radar screen, 17
écrire (ay-kReeR), write, 27
l'écu (lay-kU), shield, 25
l'écurie (lay-kU-Ree), stable, 25
l'écuyer (lay-kUee-yay), squire, 25
l'église (lay-gleez), church, 8
l'élastique (lay-lahs-teek), rubber band, 13
l'électricien (lay-lek-tRee-syEH), electrician, 15
l'éléphant (lay-lay-fAH), elephant, 20, 21
l'élève (lay-lev), student, 1

l'embouteillage (lAH-boo-tay-yahj), traffic jam, 8
émoussé (ay-moo-say), dull, 26
l'employé des postes (lAH-plwah-yay day puhst), postal worker, 13
l'empreinte de pied (lAH-pREHt dER pyay), footprint, 23
en bas (AH bah), down, 26
en haut (AH o), up, 26
l'enclume (lAH-klUm), anvil, 25
les enfants (layz AH-fAH), children, 19
l'enjoliveur (lAH-jo-lee-vERR), hubcap, 14
l'enregistrement de bagages (lAH-Ray-jees-tRER-mAH dER bah-gahj), baggage check-in, 17
enseigner (AH-say-nyay), teach, 27
entre (AHtR), between, 26
l'entrée (lAH-tRay), driveway, 8
en voyage (AH vwah-yahj), going places, 16
l'épaule (lay-pol), shoulder, 11
l'épave (lay-pahv), shipwreck, 22
l'épée (lay-pay), sword, 25
l'épicerie (lay-pee-sRee), grocery store, 8
les épinards (layz ay-pee-naR), spinach, 6
l'éponge (lay-pOHj), sponge, 3
l'éponge à effacer (lay-pOHj ah ay-fah-say), eraser (chalkboard), 1
l'éprouvette (lay-pRoo-vet), test tube, 23
l'équateur (lay-kah-tERR), equator, 32
l'équitation (lay-kee-tah-syOH), horseback riding, 18
l'escalier (les-kah-lyay), stairs, 2
l'escalier de secours (les-kah-lyay dER sER-kooR), fire escape, 8
l'escalier roulant (les-kah-lyay Roo-lAH), escalator, 17
l'espace (les-pahs), space, 23
l'espadon (les-pah-dOH), swordfish, 22
les essuie-glaces (layz e-sUee-glahs), windshield wipers, 14
l'est (lest), east, 32
l'étagère (lay-tah-jeR), bookcase, 1; shelf, 2
l'étang (lay-tAH), pond, 9
l'été (lay-tay), summer, 5
éteint (ay-tEH), off, 26
l'éternuement (lay-teR-nU-mAH), sneeze, 11
l'étiquette (lay-tee-ket), label, 13
l'étoile de mer (lay-twahl dER meR), starfish, 22
les étoiles (layz ay-twahl), stars, 23
l'étrier (lay-tRyay), stirrup, 25
étroit (ay-tRwah), narrow, 26
l'Europe (lER-Ruhp), Europe, 32
l'éventail (lay-vAH-tiy), fan, 4
l'évier (lay-vyay), sink, 3
l'expéditeur (leks-pay-dee-teRR), return address, 13
l'extra-terrestre (leks-tRah-te-RestR), alien, 23

facile (fah-seel), easy, 26
le facteur (lER fahk-tERR), letter carrier, 15
la faille (lah fiy), fault, 32
faire du patin (feR dU pah-tEH), skate, 27
faire du ski (feR dU skee), ski, 27
faire du vélo (feR dU vay-lo), ride a bicycle, 27
faire l'arbre droit (feR laRbR dRwah), handstand, 21
faire la cuisine (feR lah kUee-zeen), cook, 27
faire la roue (feR lah Roo), cartwheel, 21
faire le poirier (feR lER pwah-Ryay), headstand, 21
la farine (lah fah-Reen), flour, 3
le fauteuil (lER fo-tERy), armchair, 2

le fauteuil roulant (lER fo-tERy Roo-lAH), wheelchair, 11
la fée (lah fay), fairy, 25
la femme (lah fahm), woman, 9
la femme-agent (lah fahm-ah-jAH), policewoman, 15
la fenêtre (lah fER-netR), window, 2
la fente (lah fAHt), mail slot, 13
le fer à cheval (lER feR ah shER-vahl), horseshoe, 25
le fer à friser (lER feR ah fRee-zay), curling iron, 12
le fer à repasser (lER feR ah RER-pah-say), iron, 3
fermé (feR-may), closed, 26
la ferme (lah feRm), farm, 9
fermer (feR-may), close, 27
la fermeture éclair (lah feR-mER-tUR ayk-leR), zipper, 7
le fermier (lER feR-myay), farmer, 9
la fête d'anniversaire (lah fet dah-nee-veR-seR), birthday party, 10
le feu (lER fER), fire, 24
la feuille (lah fERy), leaf, 5
les feux arrière (lay fER ah-RyeR), brake lights, 14
les feux de circulation (lay fER dER seeR-kU-lah-syOH), traffic lights, 8, 16
la ficelle (lah fee-sel), string, 4, 13
la figure (lah fee-gUR), face, 11
le fil dentaire (lER feel dAH-tayR), dental floss, 11
le filet (lER fee-lay), net, 18
le filet de protection (lER fee-lay dER pro-tek-syOH), safety net, 21
la fille (lah feey), daughter, 29; girl, 9
le fils (lER fees), son, 29
le flamant (lER flah-mAH), flamingo, 20
la flaque d'eau (lah flahk do), puddle, 5
le flash (lER flahsh), flashbulb, 21
la flèche (lah flesh), arrow, 25
la fleuriste (lah flER-Reest), florist, 15
les fleurs (lay flERR), flowers, 5
le fleuve (lER flERv), river, 32
le flocon de neige (lER flo-kOH dER nej), snowflake, 5
la flûte (lah flUt), flute, 19
le foin (lER fwEH), hay, 9
foncé (fOH-say), dark, 26
la fontaine (lah fOH-ten), fountain, 8
le football (lER foot-buhl), soccer, 18
le football américain (lER foot-buhl ah-may-Ree-kEH), football, 18
la forêt (lah fo-Re), forest, 25
la forge (lah foRj), forge, 25
le forgeron (lER foR-jER-ROH), blacksmith, 25
les formes (lay foRm), shapes, 30
la fosse d'orchestre (lah fuhs doR-kestR), orchestra pit, 19
le fou (lER foo), court jester, 25
le fouet (lER fway), whip, 21
la fougère (lah foo-jeR), fern, 24
le four (lER fooR), kiln, 24; oven, 3
le four à micro-ondes (lER fooR ah mee-kRo-OHd), microwave oven, 3
la fourchette (lah fooR-shet), fork, 10
la fourmi (lah fooR-mee), ant, 9
la fourrure (lah foo-RUR), fur, 24
les fraises (lay fRez), strawberries, 6
les framboises (lay frAH-bwahz), raspberries, 6
la frange (lah frAHj), bangs, 12
le frein à main (lER frEH ah mEH), hand brake, 14
le frère (lER fReR), brother, 29
les frites (lay fReet), french fries, 10

froid (fRwah), cold, 26
le fromage (lER fRo-mahj), cheese, 6
le front (lER fROH), forehead, 11
les fruits (lay fRUee), fruit, 6
la fumée (lah fU-may), smoke, 9
la funambule (lah fU-nAH-bUl), tightrope walker, 21
la fusée interplanétaire (lah fU-say EH-teR-plah-nay-teR), rocket, 23

la galaxie (lah gah-lah-ksee), galaxy, 23
les gants (lay gAH), gloves, 7
les gants de boxe (lay gAH dER buhks), boxing gloves, 18
le garage (lER gah-Rahj), garage, 14
le garçon (lER gaR-sOH), boy, 9
le gardien (lER gaRd-yEH), security guard, 13
le gardien de zoo (lER gaR-dyEH dER zo), zookeeper, 20
la gare (lah gaR), train station, 8
le gâteau (lER gah-to), cake, 10
gauche (gosh), left, 26
le géant (lER jay-AH), giant, 25
la gendarmerie (lah jAH-daR-mER-Ree), police station, 8
le genou (lER jER-noo), knee, 11
les gens (lay jAH), people, 15
le gilet de duvet (lER jee-lay dER dU-vay), down vest, 7
la girafe (lah jee-Rahf), giraffe, 20
la glace (lah glahs), ice, 5; ice cream, 10
le glacier (lER glah-syay), glacier, 32
les glaçons (lay glah-sOH), ice cubes, 3
le globe terrestre (lER gluhb te-RestR), globe, 1
le golf (lER guhlf), golf, 18
le golfe (lER guhlf), gulf, 32
la gomme (lah guhm), eraser (pencil), 1
le gorille (lER go-Reey), gorilla, 20
la goutte de pluie (lah goot dER plUee), raindrop, 5
grand (gRAH), large, tall, 26
le grand chapiteau (lER gRAH shah-pee-to), big top, 21
grand-maman (gRAH mah-mAH), grandma, 29
la grand-mère (lah grAH-meR), grandmother, 29
grand-papa (grAH-pah-pah), grandpa, 29
le grand-père (lER grAH-peR), grandfather, 29
la grange (lah gRAHj), barn, 9
le gratte-ciel (lER gRaht-syel), skyscraper, 8
le grenier (lER grER-nyay), attic, 4
la grenouille (lah grER-nooy), frog, 9
les griffes (lay gReef), claws, 20
le gril (lER gReel), barbecue, 5
le grille-pain (lER gReey-pEH), toaster, 3
grimper (gREH-pay), climb, 27
gris (gRee), gray, 28
gros (gRo), fat, 26
la grue (lah gRU), crane, 8
le guichet (lER gee-shay), ticket booth, ticket counter, 17, 21
le guichet automatique (lER gee-shay o-to-mah-teek), automatic teller, 13
le guidon de vélo (lER gee-dOH dER vay-lo), handlebars, 14
la guitare (lah gee-taR), guitar, 19
la gymnastique (lah jeem-nahs-teek), gymnastics, 18

les habitants des cavernes (layz ah-bee-tAH day kah-veRn), cave dwellers, 24
la hache (lah ahsh), ax, 25
les haltères (layz ahl-teR), weight lifting, 18

le hamac (lER ah-mahk), hammock, 5
le hamburger (lER AH-booR-gERR), hamburger, 10
le hameçon (lER ahm-sOH), fishhook, 22
le hangar (lER AH-gaR), hangar, 17
les haricots verts (lay ah-Ree-ko veR), green beans, 6
la harpe (lah aRp), harp, 19
le haut (lER o), top, 26
le haut-parleur (lER o-paR-lERR), loudspeaker, 1
l'hélice (lay-lees), propeller, 17
l'hélicoptère (lay-lee-kuhp-teR), helicopter, 16
l'herbe (leRb), grass, 9
heureux (ER-RER), happy, 26
le hibou (lER ee-boo), owl, 20
l'hippocampe (lee-po-kAHp), sea horse, 22
l'hippopotame (lee-po-po-tahm), hippopotamus, 20
l'histoire humaine (lees-twaR U-men), human history, 24
l'hiver (lee-veR), winter, 5
le hockey (lER o-kay), hockey, 18
le homard (lER o-maR), lobster, 22
l'homme (luhm), man, 9
l'hôpital (lo-pee-tahl), hospital, 8
l'horloge (loR-luhj), clock, 1
l'hôtel (lo-tel), hotel, 8
le hublot (lER Ub-lo), porthole, 22
l'huile (lUeel), oil, 14
huit (Ueet), eight, 31
huitième (Uee-tyem), eighth, 31
la hutte (lah Ut), hut, 24

l'iceberg (lees-beRg), iceberg, 32
l'île (leel), island, 32
l'immeuble (lee-mERbl), apartment building, 8
l'imperméable (lEH-peR-may-ahbl), raincoat, 7
l'infirmier (lEH-feeR-myay), nurse, 11
l'insecte (lEH-sekt), insect, 24
l'instituteur (lEH-stee-tU-tERR), teacher (male), 1
l'institutrice (lEH-stee-tU-tRees), teacher (female), 1
à l'intérieur (ah lEH-te-RyERR), inside, 26

le jaguar (lER jah-gwaR), jaguar, 20
la jambe (lah jAHb), leg, 11
le jambon (lER jAH-bOH), ham, 10
le jardin potager (lER jaR-dEH po-tah-jay), vegetable garden, 5
le jardinier (lER jaR-dee-nyay), gardener, 15
jaune (jon), yellow, 28
le jaune d'œuf (lER jon dERf), yolk, 10
le jean (lER jeen), jeans, 7
la jeep (lah jeep), jeep, 16
la jeep lunaire (lah jeep lU-neR), lunar rover, 23
jeter (jER-tay), throw, 27
le jeu (lER jER), game, 4
le jeu d'échecs (lER jER day-shek), chess, 4
le jeu de dames (lER jER dER dahm), checkers, 4
le jogging (lER juh-geeng), jogging, 18
jongler (jOH-glay), juggle, 27
le jongleur (lER jOH-glERR), juggler, 21
la joue (lah joo), cheek, 11
jouer à (joo-ay ah), play (a game), 27
jouer de (joo-ay dER), play (an instrument), 27
les jouets (lay joo-ay), toys, 4
le journal (lER jooR-nahl), newspaper, 8
le journaliste (lER jooR-nahl-eest), reporter, 15
la juge (lah jUj), judge, 15

les jumelles (lay jU-mel), binoculars, 17
la jungle (lah jER(n)gl), jungle, 32
le jungle-gym (lER jER(n)gl-jeem), jungle gym, 8
la jupe (lah jUp), skirt, 7
le jus de fruit (lER jU dER frUee), fruit juice, 6

le kangourou (lER kAH-goo-Roo), kangaroo, 20
le ketchup (lER ke-tshuhp), ketchup, 10

le laboratoire (lER lah-bo-Rah-twaR), laboratory, 23
le lac (lER lahk), lake, 32
le lacet (lER lah-say), shoelace, 7
la laine (lah len), yarn, 4
le lait (lER lay), milk, 6
la laitue (lah lay-tU), lettuce, 6
la lampe (lah lAHp), lamp, 2
la lampe de poche (lah lAHp dER puhsh), flashlight, 3
la lance (lah lAHs), lance, spear, 24, 25
la langue (lah lAHg), tongue, 11
le lapin (lER lah-pEH), rabbit, 9
la laque (lah lahk), hair spray, 12
large (lahRj), wide, 26
le lave-auto (lER lahv-o-to), car wash, 14
le lave-vaisselle (lER lahv-ve-sel), dishwasher, 3
laver (lah-vay), wash, 27
léger (lay-jay), light, 26
les légumes (lay lay-gUm), vegetables, 6
lent (lAH), slow, 26
le léopard (lER lay-o-paR), leopard, 20
la lettre (lah letR), letter, 13
les lèvres (lay levR), lips, 11
le lézard (lER lay-zaR), lizard, 20
le libraire (lER leeb-RayR), bookseller, 15
la librairie (lah leeb-Ray-Ree), bookstore, 8
la licorne (lah lee-koRn), unicorn, 25
la ligne de pêche (lah leen dER pesh), fishing line, 22
la lime (lah leem), file, 3
la lime à ongles (lah leem ah OHgl), nail file, 12
le linge (lER lEHj), laundry, 3
le lion (lER lyOH), lion, 20, 21
lire (leeR), read, 27
lisse (lees), straight, 12
le lit (lER lee), bed, 2
le livre (lER leevR), book, 1
le livre à colorier (lER leevR ah ko-lo-Ryay), coloring book, 4
le livre de bandes dessinées (lER leevR dER bAHd day-see-nay), comic books, 4
la loge (lah loj), dressing room, 19
loin (lwEH), far, 26
long (lOH), long, 12, 26
le loup (lER loo), wolf, 20
lourd (looR), heavy, 26
la lune (lah lUn), moon, 23
les lunettes (lay lU-net), glasses, 7
les lunettes de protection (lay lU-net dER pro-tek-syOH), goggles, 18
les lunettes noires (lay lU-net nwaR), sunglasses, 7
le lutin (lER lU-tEH), elf, 25
la lutte (lah lUt), wrestling, 18

la machine à coudre (lah mah-sheen ah koodR), sewing machine, 19
la machine à écrire (lah mah-sheen ah ayk-ReeR), typewriter, 13

la machine à laver (lah mah-sheen ah lah-vay), washing machine, 3

le magasin de jouets (lER mah-gah-zEH dER jway), toy store, 8

le magasin de vêtements (lER mah-gah-zEH dER vet-mAH), clothing store, 8

le magicien (lER mah-gee-syEH), magician, 21

le magnétophone (lER mah-nyay-to-fuhn), cassette player, 2

le magnétoscope (lER mah-nyay-to-skuhp), videocassette player, 2

le maillot (lER mi-yot), leotard, 19

le maillot de bain (lER mi-yo dER bEH), bathing suit, 7

la main (lah mEH), hand, 11

le maïs (lER mah-ees), corn, 24

la maison (lah may-zOH), house, 2

la maison de poupée (lah may-zOH dER poo-pay), dollhouse, 4

le maître des cérémonies (lER metR day say-Ray-mo-nee), master of ceremonies, 19

le malade (lER mah-lahd), patient, 11

la malle (lah mahl), trunk, 4

maman (mah-mAH), mom, 29

le mammouth (lER mah-moot), mammoth, 24

la manche (lah mAHsh), sleeve, 7

manger (mAH-jay), eat, 27

le mannequin (lER mahn-kEH), model, 15

le manteau (lER mAH-to), coat, 7

la manucure (lah mah-nU-kUR), manicurist, 12

le maquillage (lER mah-kee-yahj), makeup, 19

la marche dans l'espace (lah maRsh dAH les-pahs), space walk, 23

marcher (maR-shay), walk, 27

le marin (lER mah-REH), sailor, 15

la marionnette (lah mah-RyOH-net), puppet, 4

marron (mah-ROH), brown, 28

le marteau (lER maR-to), hammer, 3

le mascara (lER mahs-kah-Rah), mascara, 12

le masque (lER mahsk), mask, 19, 22

la massue (lah mah-sU), club, 24

le mât de tente (lER mah dER tAHt), tent pole, 21

mauvais (mo-vay), bad, 26

le mécanicien (lER may-kah-nee-siEH), mechanic, 14

la médaille (lah may-diy), medal, 18

le médecin (lER may-dsEH), doctor, 11

les médicaments (lay may-dee-kah-mAH), medicine, 11

la méduse (lah may-dUz), jellyfish, 22

le melon (lER mER-lOH), melon, 6

le menton (lER mAH-tOH), chin, 11

la mer (lah meR), sea, 22

la mère (lah meR), mother, 29

le météorologiste (lER may-tay-o-Ro-lo-jeest), weather forecaster, 15

le métier à tisser (lER may-tyay ah tee-say), loom, 24

le mètre à ruban (lER metR ah RU-bAH), tape measure, 3

le microphone (lER mee-kRo-fuhn), microphone, 19

le microscope (lER mee-kRo-skuhp), microscope, 23

mille (meel), one thousand, 31

un milliard (ER(n) mee-yaR), one billion, 31

un million (ER(n) mee-yOH), one million, 31

mince (mEHs), thin, 26

le miroir (lER mee-RwaR), mirror, 2

le monde (lER mOHd), world, 32

le monocycle (lER mo-no-seekl), unicycle, 21

Monsieur Loyal (mER-syER lwah-yahl), ringmaster, 21

les montagnes (lay mOH-tahn), mountains, 32

la montgolfière (lah mOH-golf-yeR), hot-air balloon, 16

la montre (lah mOHtR), watch, 7

montrer du doigt (mOH-tRay dU dwah), point (at), 27

le morse (lER moRs), walrus, 20

le moteur (lER mo-tERR), engine, 14, 17

la moto (lah mo-to), motorcycle, 16

la motoneige (lah mo-to-nej), snowmobile, 5

la mouche (lah moosh), fly, 5

le mouchoir (lER moo-shwaR), handkerchief, 7

les moufles (lay moofl), mittens, 7

mouillé (moo-yay), wet, 26

la mousse (lah moos), mousse, 12

la mousse de savon (lah moos dER sah-vOH), suds, 12

la moustache (lah moos-tahsh), mustache, 12

la moutarde (lah moo-taRd), mustard, 10

le mouton (lER moo-tOH), sheep, 9

moyen (mwah-yEH), medium, 26

le mur (lER mUR), wall, 2

le musée (lER mU-zay), museum, 8

les musiciens (lay mU-zee-syEH), band, 21

la nageoire (lah nah-jwaR), fin, 22

nager (nah-jay), swim, 27

la nappe (lah nahp), tablecloth, 10

la natation (lah nah-tah-syOH), swimming, 18

la navette spatiale (lah nah-vet spah-syahl), space shuttle, 23

le navigateur (lER nah-vee-gah-tERR), navigator, 17

la nébuleuse (lah nay-bU-lERz), nebula, 23

la neige (lah nej), snow, 5

neuf (nERf), nine, 31

neuvième (nER-vyem), ninth, 31

le nez (lER nay), nose, 11

le nid d'oiseau (lER nee dwah-zo), bird's nest, 5

le nœud (lER nER), bow, knot, 13

noir (nwaR), black, 12, 28

les noix (lay nwah), nuts, 6

les nombres (lay nOHbR), numbers, 1, 31

les nombres cardinaux (lay nOHbR kaR-dee-no), cardinal numbers, 31

les nombres ordinaux (lay nOHbR oR-dee-no), ordinal numbers, 31

le nord (lER noR), north, 32

le nord-est (lER noR-est), northeast, 32

le nord-ouest (lER noR-west), northwest, 32

les nouilles (lay nooy), noodles, 10

le nounours (lER noo-nooRs), teddy bear, 4

la nourriture (lah noo-Ree-tUR), food, 6

nouveau (noo-vo), new, 26

les nuages (lay nU-ahj), clouds, 5

la nuit (lah nUee), night, 21

l'oasis (lo-ah-zees), oasis, 32

l'océan (lo-say-AH), ocean, 22

l'océan Arctique (lo-say-AH ahRk-teek), Arctic Ocean, 32

l'océan Atlantique (lo-say-AH aht-lAH-teek), Atlantic Ocean, 32

l'océan Indien (lo-say-AH EH-dyEH), Indian Ocean, 32

l'océan Pacifique (lo-say-AH pah-see-feek), Pacific Ocean, 32

l'octogone (lok-to-guhn), octagon, 30

les œufs (layz ER), eggs, 6

l'oie (lwah), goose, 9

les oignons (layz o-nyOH), onions, 6

l'oiseau (lwah-zo), bird, 5

l'oison (lwah-zOH), gosling, 9

l'ombre (lOHbR), shadow, 9

l'omelette (lom-let), omelet, 10

l'oncle (lOHkl), uncle, 29

ondulé (OH-dU-lay), wavy, 12

l'ongle (lOHgl), fingernail, 12

l'ongle d'orteil (lOHgl doR-tay), toenail, 12

onze (OHz), eleven, 31

l'opticienne (luhp-tee-syen), optician, 15

l'or (loR), gold, 22

orange (o-RAHj), orange, 28

l'orange (lo-RAHj), orange, 6

l'orchestre (lor-kestR), orchestra, 19

l'ordinateur (lor-dee-nah-tERR), computer, 23

l'oreille (lo-ray), ear, 11

l'oreiller (lo-ray-yay), pillow, 2

l'organisatrice de voyages (lor-gah-nee-zah-trees dER vwah-yahj), tour guide, 15

l'os (los), bone, 24

l'ouest (lwest), west, 32

les ouïes (layz wee), gills, 22

l'ours (looRs), bear, 20

l'ours blanc (looRs blAH), polar bear, 20

l'oursin (looR-sEH), sea urchin, 22

l'ourson (looR-sOH), bear cub, 20

ouvert (oo-veR), open, 26

l'ouvrière (loov-RyeR), factory worker, 15

ouvrir (oov-ReeR), open, 27

l'ovale (lo-vahl), oval, 30

la paille (lah piy), straw, 10

le pain (lER pEH), bread, 6

le pain grillé (lER pEH gRee-yay), toast, 10

la palme (lah pahlm), flipper, 22

la palourde (lah pah-looRd), clam, 22

le pamplemousse (lER pAHp-lER-moos), grapefruit, 6

le panda (lER pAH-dah), panda, 20

le panier (lER pah-nyay), basket, 24

le panneau solaire (lER pah-no so-layR), solar panel, 23

le pansement (lER pAHs-mAH), bandage, 11

le pantalon (lER pAH-tah-lOH), pants, 7

le pantalon de survêtement (lER pAH-tah-lOH dER sUR-vet-mAH), sweatpants, 7

le paon (lER pah-OH), peacock, 20

papa (pah-pah), dad, 29

le papier (lER pah-pyay), paper, 1

le papier de verre (lER pay-pyay dER veR), sandpaper, 3

le papier hygiénique (lER pah-pyay ee-jye-neek), toilet paper, 2

le papillon (lER pah-pee-yOH), butterfly, 5

le paquebot (lER pahk-bo), cruise ship, 16

le paquet (lER pah-kay), package, 13

le parachute (lER pah-Rah-shUt), parachute, 18

le parachutisme (lER pah-Rah-shU-teesm), skydiving, 18

la parade du cirque (lah pah-Rahd dU seeRk), circus parade, 21

le parapluie (lER pah-Rah-plUee), umbrella, 4, 7

le parc (lER paRk), park, 8

le parc de stationnement (lER paRk dER stah-syuhn-mEH), parking lot, 8

le parcomètre (lER paR-ko-metR), parking meter, 8

le pare-brise (lER paR-bReez), windshield, 14

parler (paR-lay), talk, 27

le parterre (lER paR-teR), flowerbed, 5

les partitions (lay paR-tee-syOH), sheet music, 19

le passage clouté (lER pah-sahj kloo-tay), crosswalk, 16

le passager (lER pah-sah-jay), passenger, 17
le passeport (lER pahs-poR), passport, 17
Passez! (pah-say), Go!, 16
la pastenague (lah pahs-tER-nahg), stingray, 22
la pastèque (lah pahs-tek), watermelon, 6
le patinage (lER pah-tee-nahj), skating, 18
les patins (lay pah-tEH), skates, 18
les patins à roulettes (lay pah-tEH ah roo-let), roller skates, 16
le patio (lER pah-tyo), deck, 5
la patte (lah paht), paw, 20
la pêche (lah pesh), (sport), fishing, 24; (fruit), peach, 6
le pêcheur (lER pe-shERR), fisherman, 15
la pédale (lah pay-dahl), pedal, 14
la pédicure (lah pay-dee-kUR), pedicurist, 12
le peigne (lER pen), comb, 12
le peignoir (lER pay-nywaR), bathrobe, 7
peindre (pEHdR), paint, 27
le peintre (lER pEHtR), painter, 15
la peinture (lah pEH-tUR), paint, 1, 24
la pelle (lah pel), shovel, 5
la pelle à poussière (lah pel ah poo-syeR), dustpan, 3
la pellicule (lah pe-lee-kUl), film, 21
la péninsule (lah pay-nEH-sUl), peninsula, 32
penser (pAH-say), think, 27
la perceuse (lah peR-sERz), drill, 3
le père (lER peR), father, 29
la perforeuse (lah peR-foR-ERz), hole punch, 1
le perroquet (lER pe-Ro-kay), parrot, 20
la perruque (lah pe-RUk), wig, 19
le pétale (lER pay-tahl), petal, 5
petit (pER-tee), (height), short, 26; (size), small, 26
le petit déjeuner (lER pER-tee day-jER-nay), breakfast, 10
le petit tigre (lER pER-tee-teegR), tiger cub, 20
les petits gâteaux (lay pER-tee gah-to), cookies, 6
les petits pois (lay pER-tee pwah), peas, 6
le phare (lER faR), headlight, 14; lighthouse, 16
la pharmacie (lah faR-mah-see), drugstore, pharmacy, 8; medicine cabinet, 2
la pharmacienne (lah faR-mah-syen), pharmacist, 15
le phoque (lER fuhk), seal, 20
la photo (lah fo-to), photograph, 4
le photographe (lER fo-to-gRahf), photographer, 15
le piano (lER pyah-no), piano, 19
la pièce de monnaie (lah pyes dER muh-nay), coin, 13
le pied (lER pyay), foot, 11
la pierre de lune (lah pyeR dER lUn), moon rock, 23
le pilote (lER pee-luht), pilot, 17
le pinceau (lER pEH-so), paintbrush, 1
les pinces (lay pEHs), pliers, 14
le pingouin (lER pEH-gwEH), penguin, 20
le pique-nique (lER peek-neek), picnic, 9
la piscine (lah pee-seen), swimming pool, 18
la piste (lah peest), ring, 21; runway, 17
le placard (lER plah-kahR), closet, 2
la place (lah plahs), square, 8
la place du conducteur (lah plahs dU kOH-dUk-tERR), driver's seat, 14
le plafond (lER plah-fOH), ceiling, 2
la plage (lah plahj), beach, 8
la plaine (lah plen), plain, 32
la planche (lah plAHsh), board, 3
la planche à repasser (lah plAHsh ah RER-pah-say), ironing board, 3
la planche à roulettes (lah plAHsh ah Roo-let), skateboard, 16

le plancher (lER plAH-shay), floor, 2
la planète (lah plah-net), planet, 23
la plante (lah plAHt), plant, 1
la plaque d'égout (lah plahk day-goo), manhole cover, 8
le plat surgelé (lER plah sUR-gER-lay), frozen dinner, 6
le plateau (lER plah-to), tray, 10
le plâtre (lER plahtR), cast, 11
plein (plEH), full, 26
pleurer (plER-Ray), cry, 27
le plombier (lER plOH-byay), plumber, 15
le plongeon (lER plOH-jOH), diving, 18
plonger (plOH-jay), dive, 27
le plongeur sous-marin (lER plOH-jERR soo-mah-REH), scuba diver, 22
la pluie (lah plUee), rain, 5
la pluie de météores (lah plUee dER may-tay-oR), meteor shower, 23
la plume (lah plUm), feather, 4
les plumes (lay plUm), feathers, 20
le pneu (lER pnER), tire, 14
le pneu à plat (lER pnER ah plah), flat tire, 14
la poche (lah puhsh), pocket, 7
la poêle (lah pwahl), pan, 3
la poignée de portière (lah pwah-nyay dER poR-tyeR), door handle, 14
la pointe de flèche (lah pwEHt dER flesh), arrowhead, 24
le poisson (lER pwah-sOH), fish, 1, 10
la poitrine (lah pwah-tReen), chest, 11
le poivre (lER pwahvR), pepper, 10
le Pôle Nord (lER pol noR), North Pole, 32
le Pôle Sud (lER pol sUd), South Pole, 32
la pomme (lah puhm), apple, 6
la pomme enrobée de caramel (lah puhm AH-Ro-bay dER kah-Rah-mel), caramel apple, 21
les pommes de terre (lay puhm dER teR), potatoes, 6
la pompe à air (lah pOHp ah eR), air hose, 14
la pompe à essence (lah pOHp ah ay-sAHs), gas pump, 14
le pompier (lER pOH-pyay), fire fighter, 15
le pont (lER pOH), bridge, 16
le pont-levis (lER pOH-lER-vee), drawbridge, 25
le pop-corn (lER puhp-koRn), popcorn, 21
le porcelet (lER poR-sER-lay), piglet, 9
la porte (lah poRt), door, 2; gate, 17
le porte-feuille (poRt-feRy), wallet, 13
porter (poR-tay), carry, 27
le porteur (lER poR-tERR), porter, 17
le portier (lER poR-tyay), doorman, 15
la poste (lah puhst), post office, 13
le pot (lER po), pot, 24
le potage (lER po-tahj), soup, 10
le potier (lER po-tyay), potter, 24
le pouce (lER poos), thumb, 11
la poudre (lah poodR), powder, 12
le poulain (lER poo-lEH), colt, 9
la poule (lah pool), hen, 9
le poulet (lER poo-lay), chicken, 10
le poulpe (lER poolp), octopus, 22
la poupée (lah poo-pay), doll, 4
pousser (poo-say), push, 27
la poussette (lah poo-set), stroller, 16
la poussière (lah poo-syeR), dust, 4
le poussin (lER poo-sEH), chick, 9
premier (pRER-myay), first, 31
prendre un bain (pRAHdR ER(n) bEH), take a bath, 27
les prépositions (lay pRay-po-zee-syOH), prepositions, 26
près (pRay), near, 26
le prince (lER pREHs), prince, 25

la princesse (lah pREH-ses), princess, 25
le printemps (lER pREH-tAH), spring, 5
la prise de courant (lah pReez dER koo-RAH), electrical outlet, 3
la prison (lah pRee-zOH), jail, 8
le prix (lER pRee), price, 6
le problème d'arithmétique (lER pRob-lem dah-Reet-may-teek), arithmetic problem, 1
la programmeuse (lah pRo-gRah-mERz), computer programmer, 15
le projecteur (lER pRo-jek tERR), movie projector, 4
propre (pRopR), clean, 26
le ptérodactyle (lER ptay-Ro-dahk-teel), pterodactyl, 24
le puits (lER pUee), well, 24
le pullover (lER pU-lo-veR), sweater, 7
le pupitre (lER pU-peetR), pupil desk, 1
le puzzle (lER pER-zl), jigsaw puzzle, 4
le pyjama (lER pee-jah-mah), pajamas, 7

le quai (lER kay), dock, 16
quarante (kah-RAHt), forty, 31
quarante-cinq (kah-RAHt-sEHk), forty-five, 31
quarante-deux (kah-RAHt-dER), forty-two, 31
quarante et un (kah-RAHt ay ER(n)), forty-one, 31
quarante-huit (kah-RAHt-Ueet), forty-eight, 31
quarante-neuf (kah-RAHt-nERf), forty-nine, 31
quarante-quatre (kah-RAHt-kahtR), forty-four, 31
quarante-sept (kah-RAHt-set), forty-seven, 31
quarante-six (kah-RAHt-sees), forty-six, 31
quarante-trois (kah-RAHt-tRwah), forty-three, 31
le quartier (lER KahR-tyay), community, 15
quatorze (kah-toRz), fourteen, 31
quatre (kahtR), four, 31
quatre-vingt-cinq (kah-tRER-vEH-sEHk), eighty-five, 31
quatre-vingt-deux (kah-tRER-vEH-dER), eighty-two, 31
quatre-vingt-dix (kah-tRER-vEH-dees), ninety, 31
quatre-vingt-dix-huit (kah-tRER-vEH-deez-Ueet), ninety-eight, 31
quatre-vingt-dix-neuf (kah-tRER-vEH-deez-nERf), ninety-nine, 31
quatre-vingt-dix-sept (kah-tRER-vEH-dees-set), ninety-seven, 31
quatre-vingt-douze (kah-tRER-vEH-dooz), ninety-two, 31
quatre-vingt-huit (kah-tRER-vEH-Ueet), eighty-eight, 31
quatre-vingt-neuf (kah-tRER-vEH-nERf), eighty-nine, 31
quatre-vingt-onze (kah-tRER-vEH-OHz), ninety-one, 31
quatre-vingt-quatre (kah-tRER-vEH-kahtR), eighty-four, 31
quatre-vingt-quatorze (kah-tRER-vEH-kah-toRz), ninety-four, 31
quatre-vingt-quinze (kah-tRER-vEH-kEHz), ninety-five, 31
quatre-vingt-seize (kah-tRER-vEH-sez), ninety-six, 31
quatre-vingt-sept (kah-tRER-vEH-set), eighty-seven, 31
quatre-vingt-six (kah-tRER-vEH-sees), eighty-six, 31
quatre-vingt-treize (kah-tRER-vEH-tRez), ninety-three, 31
quatre-vingt-trois (kah-tRER-vEH-tRwah), eighty-three, 31

la station-service (lah stah-syOH-seR-vees), gas station, 14

la statue (lah stah-tU), statue, 8

le stéthoscope (lER stay-to-skuhp), stethoscope, 11

le steward (lER stU-waR), flight attendant, 17

le stop (lER stuhp), stop sign, 16

les stores vénitiens (lay stoR vay-nee-syEH), venetian blinds, 2

le stylo (lER stee-lo), pen, 1

le sucre (lER sUkR), sugar, 10

le sud (lER sUd), south, 32

le sud-est (lER sUd-est), southeast, 32

le sud-ouest (lER sUd-west), southwest, 32

le supermarché (lER sU-peR-maR-shay), supermarket, 6

sur (sUR), on top of, 26

le sweat-shirt (lER sweet-shERRt), sweatshirt, 7

le système solaire (lER see-stem so-leR), solar system, 23

la table (lah tahbl), table, 3

la table d'examination (lah tahbl de-gsah-mee-nah-syOH) examining table, 11

la table de nuit (lah tahbl dER nUee), night table, 2

le tableau d'affichage (lER tah-blo dah-fee-shahj), bulletin board, 1

le tableau de bord (lER tahb-lo dER boR), control panel, dashboard, 23

le tableau noir (lER tahb-lo nwaR), chalkboard, 1

le tablier (lER tahb-lyay), apron, 3

le tabouret (lER tah-boo-Ray), footstool, 2

les taches (lay tahsh), spots, 20

les taches de rousseur (lay tahsh dER Roo-sERR), freckles, 12

le taille-crayon (lER ti-kRay-yOH), pencil sharpener, 1

le tailleur (lER ti-yERR), tailor, 15

le tambour (lER tAH-booR), drum, 19

le tampon (lER tAH-pOH), rubber stamp, 13

le tampon encreur (lER tAH-pOH AHk-RERR), ink pad, 13

la tante (lah tAHt), aunt, 29

la tapette (lah tah-pet), fly swatter, 5

le tapis (lER tah-pee), carpet, rug, 1, 2

la tarte (lah taRt), pie, 6

le tas de sable (lER tah dER sahbl), sandbox, 8

la tasse (lah tahs), cup, 10

le taureau (lER to-Ro), bull, 9

le taxi (lER tah-ksee), taxi, 16

le teeshirt (lER tee-shERRt), T-shirt, 7

le téléphone (lER tay-lay-fuhn), telephone, 2

la télévision (lah tay-lay-vee-zyOH), television, 2

la tempête de neige (lah tAH-pet dER nej), snowstorm, 5

le temps (lER tAH), weather, 5

le tennis (lER te-nees), tennis, 18

le tennis de table (lER te-nees dER tahbl), table tennis, 18

le tentacule (lER tAH-tah-kUl), tentacle, 22

la tente (lah tAHt), tent, 9

le terrain de jeux (lER te-REH dER jER), playground, 8

la terre (lah teR), dirt, 9; Earth, 23

la tête (lah tet), head, 11

le texte (lER tekst), script, 19

le thé (lER tay), tea, 10

le thermomètre (lER teR-mo-metR), thermometer, 11

les tickets (lay tee-kay), tickets, 21

la tige (lah teej), stem, 5

le tigre (lER teegR), tiger, 20

le tigre préhistorique (lER teegR pray-ees-to-Reek), saber-toothed tiger, 24

le timbre (lER tEHbR), stamp, 13

la tirelire (lah teeR-leeR), piggy bank, 13

tirer (tee-Ray), pull, 27

le tiroir (lER tee-RwaR), drawer, 3

la tisserande (lah tees-RAHd), weaver, 24

le toboggan (lER to-bo-gAH), slide, 8

la toile (lah twahl), cloth, 24

la toile d'araignée (lah twahl da-Ray-nyay), cobweb, spiderweb, 4, 25

la toilette (lah twah-let), toilet, 2

les toilettes (lay twah-let), rest rooms, 21

le toit (lER twah), roof, 2

le toit ouvrant (lER twah oov-RAH), sunroof, 14

les tomates (lay to-maht), tomatoes, 6

tomber (tOH-bay), fall, 27

la tondeuse à gazon (lah tOH-dERz ah gah-zOH), lawn mower, 5

la tortue (lah toR-tU), turtle, 20

la tortue marine (lah toR-tU mah-Reen), sea turtle, 22

la toundra (lah toon-dRah), tundra, 32

la tour (lah tooR), tower, 25

la tour de contrôle (lah tooR dER kOH-tRol), control tower, 17

le tourne-disque (lER toor-nuh-deesk), record player, 2

le tournevis (lER tooR-nER-vees), screwdriver, 3

le tracteur (lER tRahk-tERR), tractor, 9

le train (lER tREH), train, 16

le train électrique (lER tREH ay-lek-tReek), electric train, 4

le traîneau (lER tRay-no), sled, 5

le transport (lER tRAHs-poR), transportation, 16

le trapèze (lER tRah-pez), trapeze, 21

le trapéziste (lER tRah-pay-zeest), trapeze artist, 21

treize (tRez), thirteen, 31

trente (tRAHt), thirty, 31

trente-cinq (tRAHt-sEHk), thirty-five, 31

trente-deux (tRAHt-dER), thirty-two, 31

trente et un (tRAHt ay ER(n)), thirty-one, 31

trente-huit (tRAHt-Ueet), thirty-eight, 31

trente-neuf (tRAHt-nERf), thirty-nine, 31

trente-quatre (tRAHt-kahtR), thirty-four, 31

trente-sept (tRAHt-set), thirty-seven, 31

trente-six (tRAHt-sees), thirty-six, 31

trente-trois (tRAHt-tRwah), thirty-three, 31

le trésor (lER tRay-zoR), treasure chest, treasure, 22

la tresse (lah tRes), braid, 12

le triangle (lER tRee-AHgl), triangle, 30

le tricycle (lER tRee-seekl), tricycle, 14

triste (tReest), sad, 26

trois (tRwah), three, 31

troisième (tRwah-zyem), third, 31

le trombone (lER tROH-buhn), paper clip, 13; trombone, 19

la trompe (lah tROHp), trunk, 24

la trompette (lah trOH-pet), trumpet, 19

le trône (lER tRon), throne, 25

le trophée (lER tRo-fay), trophy, 18

la trottinette (lah tRuht-tee-net), scooter, 16

le trottoir (lER tRuht-twaR), sidewalk, 16

le troubadour (lER tRoo-bah-dooR), minstrel, 25

trouver (tRoo-vay), find, 27

le tuba (lER tU-bah), tuba, 19

le tube pour masque sous-marin (lER tUb pooR mahsk soo-mah-REH), snorkel, 22

le turban (lER tUR-bAH), turban, 21

le tutu (lER tU-tU), tutu, 19

le tuyau d'arrosage (lER tUee-o dah-Ro-zahj), garden hose, 5

un (ER(n)), one, 31

l'uniforme (lU-nee-foRm), uniform, 4

l'usine (lU-zeen), factory, 8

la vache (lah vahsh), cow, 9

la vague (lah vahg), wave, 22

la vaisselle (lah vay-sel), dishes, 3

la valise (lah vah-leez), suitcase, 17

le vase (lER vahz), vase, 2

le vase à bec (lER vahz ah bek), beaker, 23

le veau (lER vo), calf, 9

le vélo (lER vay-lo), bicycle, 14

le vendeur (lER vAH-dERR), salesman, 15

la vendeuse (lah vAH-dERz), saleswoman, 15

vendre (vAHdR), sell, 27

venir (vER-neeR), come, 27

le vent (lER vAH), wind, 5

le ventilateur (lER vAH-tee-lah-tERR), fan, 5

le ver (lER veR), worm, 5

le vernis à ongles (lER veR-nee ah OHgl), nail polish, 12

le verre (lER veR), glass, 10

vert (veR), green, 28

les vêtements (lay vet-mAH), clothing, 7

la vétérinaire (lah vay-tay-ree-neR), veterinarian, 15

la viande (lah vyAHd), meat, 6

vide (veed), empty, 26

vieux (vyER), old, 26

le village (lER vee-lahj), village, 24

la ville (lah veel), city, 8

vingt (vEH), twenty, 31

vingt-cinq (vEHt-sEHk), twenty-five, 31

vingt-deux (vEHt-dER), twenty-two, 31

vingt et un (vEHt et ER(n)), twenty-one, 31

vingt-huit (vEHt-Ueet), twenty-eight, 31

vingt-neuf (vEHt-nERf), twenty-nine, 31

vingt-quatre (vEHt-kahtR), twenty-four, 31

vingt-sept (vEHt-set), twenty-seven, 31

vingt-six (vEHt-sees), twenty-six, 31

vingt-trois (vEHt-tRwah), twenty-three, 31

violet (vyo-lay), purple, 28

le violon (lER vyo-lOH), violin, 19

le violoncelle (lER vyo-lOH-sel), cello, 19

la vis (lah vees), screw, 3

la voie ferrée (lah vwah fe-Ray), train tracks, 9

la voile (lah vwahl), sail, 16; sailing, 18

la voiture (lah vwah-tUR), car, 16

la voiture d'enfant (lah vwah-tUR dAH-fAH), baby carriage, 16

la voiture de course (lah vwah-tUR dER koors), race car, 14

la voiture de police (lah vwah-tUR dER po-lees), police car, 16

la voiture de pompiers (la vwah-tUR dER pOH-pyay), fire engine, 16

le volant (lER vo-lAH), steering wheel, 14

le volcan (lER vuhl-kAH), volcano, 32

voler (vo-lay), fly, 27

le volley-ball (lER vuh-lay-buhl), volleyball, 18

le xylophone (lER zee-lo-fuhn), xylophone, 19

les yeux (layz yER), eyes, 11

le zèbre (lER zebR), zebra, 20

zéro (zay-Ro), zero, 31

zoo (lER zo), zoo, 20

English-French Glossary and Index

cereal, les céréales, 6
chain mail, la cotte de mailles, 25
chair, la chaise, 3
chalk, la craie, 1
chalkboard, le tableau noir, 1
channel, le bras de mer, 32
check, le chèque, 13
checkbook, le chéquier, 13
checkers, le jeu de dames, 4
cheek, la joue, 11
cheese, le fromage, 6
cherries, les cerises, 6
chess, le jeu d'échecs, 4
chest, la poitrine, 11
chick, le poussin, 9
chicken, le poulet, 10
children, les enfants, 19
chimney, la cheminée, 2
chin, le menton, 11
chocolate, le chocolat, 6
church, l'église, 8
circle, le cercle, 30
circus, le cirque, 21
circus parade, la parade du cirque, 21
city, la ville, 8
clam, la palourde, 22
clarinet, la clarinette, 19
classroom, la classe, 1
claws, les griffes, 20
clay, l'argile, 24
clean, propre, 26
climb, grimper, 27
clock, l'horloge, 1
close, fermer, 27
closed, fermé, 26
closet, le placard, 2
cloth, la toile, 24
clothes dryer, le séchoir à linge, 3
clothing, les vêtements, 7
clothing store, le magasin de vêtements, 8
clouds, les nuages, 5
clown, le clown, 21
club, la massue, 24
coat, le manteau, 7
cobweb, la toile d'araignée, 4
coffee, le café, 10
coin, la pièce de monnaie, 13
cold, froid, 26
collar, le col, 7
colored pencils, les crayons de couleur, 1
coloring book, le livre à colorier, 4
colors, les couleurs, 28
colt, le poulain, 9
comb, le peigne, 12
come, venir, 27
comet, la comète, 23
comic book, le livre de bandes dessinées, 4
community, le quartier, 15
compact disc, le CD, 2
compass (drawing), le compas, 1; (magnetic), la
   boussole, 32
computer, l'ordinateur, 23
computer programmer, la programmeuse, 15
Concorde, le Concorde, 17
conductor, le chef d'orchestre, 19
cone, le cône, 30
constellation, la constellation, 23
construction worker, le constructeur, 15
control panel, le tableau de bord, 23
control tower, la tour de contrôle, 17
cook (noun), le cuisinier, 15; (verb), faire la
   cuisine, 27
cookies, les petits gâteaux, 6
copilot, la copilote, 17
coral, le corail, 22
coral reef, le récif de corail, 22
corn, le maïs, 24
corner, le coin, 8
costume, le costume, 19
cotton candy, la barbe à papa, 21
counter, le comptoir, 3
country, la campagne, 9
court jester, le fou, 25

courtyard, la cour, 25
cousin (female), la cousine, 29; (male), le cousin, 29
coveralls, les bleus de travail, 14
cow, la vache, 9
cowboy, le cow-boy, 15
cowboy boots, les bottes de cow-boy, 4
cowboy hat, le chapeau de cow-boy, 4
crab, le crabe, 22
crackers, les biscuits salés, 6
cradle, le berceau, 4
crane, la grue, 8
crater, le cratère, 23
crayon, le crayon de couleur, 1
cream, la crème, 10
credit card, la carte de crédit, 13
crew cut, les cheveux en brosse, 12
crop, la récolte, 24
cross-country skiing, le ski de fond, 18
crosswalk, le passage clouté, 16
crown, la couronne, 25
cruise ship, le paquebot, 16
crutch, la béquille, 11
cry, pleurer, 27
cube, le cube, 30
cup, la tasse, 10
curlers, les rouleaux, 12
curling iron, le fer à friser, 12
curly, bouclé, 12
curtain, le rideau, 19
curtains, les rideaux, 2
customs officer, la douanière, 17
cut, couper, 27
cycling, le cyclisme, 18
cylinder, le cylindre, 30
cymbals, les cymbales, 19

dad, papa, 29
dance, danser, 27
dancer, la danseuse, 19
dark, foncé, 26
dashboard, le tableau de bord, 14
daughter, la fille, 29
deck, le patio, 5
deer, la biche, 20
dental floss, le fil dentaire, 11
dental hygienist, l'assistante, 11
dentist, le dentiste, 11
dentist's office, chez le dentiste, 11
desert, le désert, 32
desk (teacher's), le bureau de maître, 1; (pupil's),
   le pupitre, 1
dice, les dés, 4
difficult, difficile, 26
dig, creuser, 27
dining room, la salle à manger, 2
dinner, le dîner, 10
dinosaur, le dinosaure, 24
dirt, la terre, 9
dirty, sale, 26
disc jockey, le disc-jockey, 15
dishes, la vaisselle, 3
dishwasher, le lave-vaisselle, 3
dive, plonger, 27
diving, le plongeon, 18
dock, le quai, 16
doctor, le médecin, 11
doctor's office, chez le médecin, 11
dog, le chien, 9
doll, la poupée, 4
dollhouse, la maison de poupée, 4
dolphin, le dauphin, 22
donkey, l'âne, 9
door, la porte, 2
door handle, la poignée de portière, 14
doorman, le portier, 15
down, en bas, 26
down vest, le gilet de duvet, 7
downhill skiing, le ski, 18
dragon, le dragon, 25
draw, dessiner, 27
drawbridge, le pont-levis, 25

drawer, le tiroir, 3
dress, la robe, 7
dresser, la commode, 2
dressing room, la loge, 19
drill, la perceuse, 3
drink, boire, 27
drive, conduire, 27
drive-in, le drive-in, 13
driver's seat, la place du conducteur, 14
driveway, l'entrée, 8
drugstore, la pharmacie, 8
drum, le tambour, 19
dry, sec, 26
duck, le canard, 9
duckling, le caneton, 9
dull, émoussé, 26
dungeon, le donjon, 25
dust, la poussière, 4
dustpan, la pelle à poussière, 3

eagle, l'aigle, 20
ear, l'oreille, 11
earmuffs, le serre-tête, 7
earring, la boucle d'oreille, 7
Earth, la terre, 23
easel, le chevalet, 1
east, l'est, 32
easy, facile, 26
eat, manger, 27
eggs, les œufs, 6
eight, huit, 31
eighteen, dix-huit, 31
eighth, huitième, 31
eighty, quatre-vingts, 31
eighty-eight, quatre-vingt-huit, 31
eighty-five, quatre-vingt-cinq, 31
eighty-four, quatre-vingt-quatre, 31
eighty-nine, quatre-vingt-neuf, 31
eighty-one, quatre-vingt-un, 31
eighty-seven, quatre-vingt-sept, 31
eighty-six, quatre-vingt-six, 31
eighty-three, quatre-vingt-trois, 31
eighty-two, quatre-vingt-deux, 31
elbow, le coude, 11
electric mixer, le batteur électrique, 3
electric train, le train électrique, 4
electrical outlet, la prise de courant, 3
electrician, l'électricien, 15
elephant, l'éléphant, 20, 21
elevator, l'ascenseur, 17
eleven, onze, 31
elf, le lutin, 25
empty, vide, 26
engine, le moteur, 14, 17
equator, l'équateur, 32
eraser (chalkboard), l'éponge à effacer, 1; (pencil),
   la gomme, 1
escalator, l'escalier roulant, 17
Europe, l'Europe, 32
examining table, la table d'examination, 11
eyebrow, le sourcil, 11
eyes, les yeux, 11

face, la figure, 11
factory, l'usine, 8
factory worker, l'ouvrière, 15
fairy, la fée, 25
fall (season), l'automne, 5; (verb), tomber, 27
family tree, l'arbre généalogique, 29
fan (hand), l'éventail, 4; (electric), le ventilateur, 5
far, loin, 26
farm, la ferme, 9
farmer, le fermier, 9
fashion designer, la couturière, 15
fast, rapide, 26
fat, gros, 26
father, le père, 29
faucet, le robinet, 3
fault, la faille, 32
feather, la plume, 4
feathers, les plumes, 20

piano, le piano, 19
picnic, le pique-nique, 9
picture, le dessin, 1
picture frame, le cadre, 4
pie, la tarte, 6
pig, le cochon, 9
piggy bank, la tirelire, 13
piglet, le porcelet, 9
pill, le comprimé, 11
pillow, l'oreiller, 2
pilot, le pilote, 17
pineapple, l'ananas, 6
pink, rose, 28
plain, la plaine, 32
planet, la planète, 23
plant, la plante, 1
plate, l'assiette, 10
play (a game), jouer à, 27
play (an instrument), jouer de, 27
playground, le terrain de jeux, 8
pliers, les pinces, 14
plumber, le plombier, 15
pocket, la poche, 7
point (at), montrer du doigt, 27
polar bear, l'ours blanc, 20
police car, la voiture de police, 16
police station, la gendarmerie, 8
policeman, l'agent de police, 15
policewoman, la femme-agent, 15
pond, l'étang, 9
ponytail, la queue de cheval, 12
popcorn, le pop-corn, 21
porter, le porteur, 17
porthole, le hublot, 22
post office, la poste, 13
post-office box, la boîte postale, 13
postal worker, l'employé des postes, 13
postcard, la carte postale, 13
poster, l'affiche, 2
postmark, le cachet de la poste, 13
pot, le pot, 24
potato chips, les chips, 6
potatoes, les pommes de terre, 6
potter, le potier, 24
powder, la poudre, 12
prepositions, les prépositions, 26
price, le prix, 6
prince, le prince, 25
princess, la princesse, 25
propeller, l'hélice, 17
protractor, le rapporteur, 1
pterodactyl, le ptérodactyle, 24
puddle, la flaque d'eau, 5
pull, tirer, 27
pupil desk, le pupitre, 1
puppet, la marionnette, 4
puppy, le chiot, 9
purple, violet, 28
purse, le sac à main, 17
push, pousser, 27

queen, la reine, 25
quiver, le carquois, 25

rabbit, le lapin, 9
race car, la voiture de course, 14
racket, la raquette, 18
radar screen, l'écran de radar, 17
radio, la radio, 2
rag, le chiffon, 14
rain, la pluie, 5
rainbow, l'arc-en-ciel, 5
raincoat, l'imperméable, 7
raindrop, la goutte de pluie, 5
rake, le râteau, 5
raspberries, les framboises, 6
rat, le rat, 25
razor, le rasoir, 12
read, lire, 27
rearview mirror, le rétroviseur, 14
receive, recevoir, 27
receptionist, la réceptionniste, 13
record, le disque, 2

record player, le tourne-disque, 2
rectangle, le rectangle, 30
red (color), rouge, 28; (hair), roux, 12
referee, l'arbitre, 18
reflectors, les réflecteurs, 14
refrigerator, le réfrigérateur, 3
reins, les rênes, 25
reporter, le journaliste, 15
rest rooms, les toilettes, 21
restaurant, le restaurant, 8, 10
return address, l'expéditeur, 13
rhinoceros, le rhinocéros, 20
rice, le riz, 10
ride a bicycle, faire du vélo, 27
right, droite, 26
ring (jewelry), la bague, 7; (circus), la piste, 21
ringmaster, Monsieur Loyal, 21
rings (planet), les anneaux, 23
river, le fleuve, 32
road, la route, 9
roar, rugir, 27
robot, l'automate, 23
rock, la roche, 24
rocket, la fusée interplanétaire, 23
rocking chair, la chaise à bascule, 2, 4
rocking horse, le cheval à bascule, 4
roller skates, les patins à roulettes, 16
roof, le toit, 2
rooster, le coq, 9
rope, la corde, 19, 21
rope ladder, l'échelle de corde, 21
rowboat, le canot à rames, 16
rubber band, l'élastique, 13
rubber stamp, le tampon, 13
rug, le tapis, 1
ruler, la règle, 1
run, courir, 27
running, la course à pied, 18
runway, la piste, 17

saber-toothed tiger, le tigre préhistorique, 24
sad, triste, 26
saddle, la selle, 25
safe, le coffre-fort, 13
safety deposit box, le coffre, 13
safety net, le filet de protection, 21
sail, la voile, 16
sailboat, le bateau à voile, 16
sailing, la voile, 18
sailor, le marin, 15
salad, la salade, 10
salesman, le vendeur, 15
saleswoman, la vendeuse, 15
salt, le sel, 10
sand, le sable, 22
sandals, les sandales, 7
sandbox, le tas de sable, 8
sandpaper, le papier de verre, 3
sandwich, le sandwich, 10
satellite, le satellite, 23
saucer, la soucoupe, 10
sausages, les saucisses, 10
saw, la scie, 3
saxophone, le saxophone, 19
scale, la balance, 6, 13
scales (fish), les écailles, 22
scarf, l'écharpe, 7
scenery, le décor, 19
school, l'école, 8
school (of fish), le banc de poissons, 22
school bus, l'autobus scolaire, 16
scientist, le savant, 23
scissors, les ciseaux, 1, 12
scooter, la trottinette, 16
screw, la vis, 3
screwdriver, le tournevis, 3
script, le texte, 19
scuba diver, le plongeur sous-marin, 22
sea, la mer, 32
sea horse, l'hippocampe, 22
sea turtle, la tortue marine, 22
sea urchin, l'oursin, 22

seal, le phoque, 20
seashell, le coquillage, 22
seasons, les saisons, 5
seat, le siège, 17
seat belt, la ceinture de sécurité, 14
seaweed, les algues, 22
second, deuxième, 31
secretary, la secrétaire, 15
security camera, la caméra de surveillance, 13
security guard, le gardien, 13
seesaw, la balançoire, 8
sell, vendre, 27
seven, sept, 31
seventeen, dix-sept, 31
seventh, septième, 31
seventy, soixante-dix, 31
seventy-eight, soixante-dix-huit, 31
seventy-five, soixante-quinze, 31
seventy-four, soixante-quatorze, 31
seventy-nine, soixante-dix-neuf, 31
seventy-one, soixante et onze, 31
seventy-seven, soixante-dix-sept, 31
seventy-six, soixante-seize, 31
seventy-three, soixante-treize, 31
seventy-two, soixante-douze, 31
sewing machine, la machine à coudre, 19
shadow, l'ombre, 2
shampoo, le shampooing, 12
shapes, les formes, 30
shark, le requin, 22
sharp, affilé, 26
shaving cream, la crème à raser, 12
sheep, le mouton, 9
sheet, le drap, 2
sheet music, les partitions, 19
shelf, l'étagère, 2
shield, l'écu, 25
shipwreck, l'épave, 22
shirt, la chemise, 7
shoelace, le lacet, 7
shoes, les chaussures, 7
shopping bag, le sac à provisions, 6
shopping cart, le chariot, 6
short (length), court, 12, 26; (height), petit, 26
shorts, le short, 7
shoulder, l'épaule, 11
shovel, la pelle, 5
shower, la douche, 2
sidewalk, le trottoir, 16
sign, l'affiche, 6, 8
signature, la signature, 13
silver (color), argenté, 28; (metal), l'argent, 22
sing, chanter, 27
singer, le chanteur, 19
sink, l'évier, 3
sister, la sœur, 29
sit down, s'asseoir, 27
six, six, 31
sixteen, seize, 31
sixth, sixième, 31
sixty, soixante, 31
sixty-eight, soixante-huit, 31
sixty-five, soixante-cinq, 31
sixty-four, soixante-quatre, 31
sixty-nine, soixante-neuf, 31
sixty-one, soixante et un, 31
sixty-seven, soixante-sept, 31
sixty-six, soixante-six, 31
sixty-three, soixante-trois, 31
sixty-two, soixante-deux, 31
skate, faire du patin, 27
skateboard, la planche à roulettes, 16
skates, les patins, 18
skating, le patinage, 18
skeleton, le squelette, 24
ski, faire du ski, 27
skirt, la jupe, 7
skis, les skis, 18
sky, le ciel, 9
skydiving, le parachutisme, 18
skyscraper, le gratte-ciel, 8
sled, le traîneau, 5
sleep, dormir, 27

sleeping bag, le sac de couchage, 9
sleeve, la manche, 7
slide, le toboggan, 8
sling, l'écharpe, 11
slow, lent, 26
small, petit, 26
smile, le sourire, 11
smoke, la fumée, 9
smokestack, le cheminée, 8
snack bar, le snack-bar, 17
snake, le serpent, 20
sneeze, l'éternuement, 11
snorkel, le tube pour masque sous-marin, 22
snow, la neige, 5
snowball, la boule de neige, 5
snowflake, le flocon de neige, 5
snowman, le bonhomme de neige, 5
snowmobile, la motoneige, 5
snowplow, le chasse-neige, 5
snowstorm, la tempête de neige, 5
soap, le savon, 6
soccer, le football, 18
soccer ball, le ballon de football, 18
socks, les chaussettes, 7
sofa, le canapé, 2
soft, doux, 26
soft drink, la boisson gazeuse, 10
solar panel, le panneau solaire, 23
solar system, le système solaire, 23
somersault, la culbute, 21
son, le fils, 29
soup, le potage, 10
south, le sud, 32
South America, l'Amérique du Sud, 32
South Pole, le Pôle Sud, 32
southeast, le sud-est, 32
southwest, le sud-ouest, 32
space, l'espace, 23
space helmet, le casque d'astronaute, 23
space shuttle, la navette spatiale, 23
space station, la station spatiale, 23
space suit, le scaphandre de cosmonaute, 23
space walk, la marche dans l'espace, 23
spaceship, la soucoupe volante, 23
spatula, la spatule, 3
spear, la lance, 24
sphere, la sphère, 30
spider, l'araignée, 25
spiderweb, la toile d'araignée, 25
spinach, les épinards, 6
spinning wheel, le rouet, 4
spokes, les rayons, 14
sponge, l'éponge, 3
spoon, la cuillère, 10
sports, le sport, 18
spotlight, le spot, 19
spots, les taches, 20
spring, le printemps, 5
sprinkler, l'appareil d'arrosage, 5
square (park), la place, 8; (shape), le carré, 30
squid, le calmar, 22
squire, l'écuyer, 25
stable, l'écurie, 25
stage, la scène, 19
stairs, l'escalier, 2
stamp, le timbre, 13
stand up, se lever, 27
stapler, l'agrafeuse, 1
staples, les agrafes, 1
starfish, l'étoile de mer, 22
stars, les étoiles, 23
statue, la statue, 8
steak, le bifteck, 10
steering wheel, le volant, 14
stem, la tige, 5
stethoscope, le stéthoscope, 11
stick, le bâton, 24
stilts, les échasses, 21
stingray, la pastenague, 22
stirrup, l'étrier, 25
Stop!, Arrêtez!, 16
stop sign, le stop, 16
stove, la cuisinière, 3

straight, lisse, 12
straw, la paille, 10
strawberries, les fraises, 6
street, la rue, 16
string, la ficelle, 4, 13
strings, les cordes, 19
stripes, les rayures, 20
stroller, la poussette, 16
student, l'élève, 1
submarine, le sous-marin, 22
suds, la mousse de savon, 12
sugar, le sucre, 10
suit, le complet, 7
suitcase, la valise, 17
summer, l'été, 5
sun, le soleil, 23
sunglasses, les lunettes noires, 7
sunroof, le toit ouvrant, 14
supermarket, le supermarché, 6
swan, le cygne, 20
sweater, le pullover, 7
sweatpants, le pantalon de survêtement, 7
sweatshirt, le sweat-shirt, 7
swim, nager, 27
swimming, la natation, 18
swimming pool, la piscine, 18
swings, les balançoires, 8
sword, l'épée, 25
swordfish, l'espadon, 22

table, la table, 3
table tennis, le tennis de table, 18
tablecloth, la nappe, 10
tail, la queue, 20
tailor, le tailleur, 15
take a bath, prendre un bain, 27
talent show, le spectacle, 19
talk, parler, 27
tall, grand, 26
tank truck, le camion-citerne, 14
tape measure, le mètre à ruban, 3
taxi, le taxi, 16
taxi driver, le chauffeur de taxi, 15
tea, le thé, 10
teach, enseigner, 27
teacher (female), l'institutrice, 1; (male), l'instituteur, 1
teacher's desk, le bureau du maître, 1
teddy bear, le nounours, 4
telephone, le téléphone, 2
television, la télévision, 2
television repairer, le réparateur de télévision, 15
teller, la caissière, 13
ten, dix, 31
ten thousand, dix mille, 31
tennis, le tennis, 18
tennis racket, la raquette de tennis, 17
tent, la tente, 21
tent pole, le mât de tente, 21
tentacle, le tentacule, 22
tenth, dixième, 31
test tube, l'éprouvette, 23
thermometer, le thermomètre, 11
thin, mince, 26
think, penser, 27
third, troisième, 31
thirteen, treize, 31
thirty, trente, 31
thirty-eight, trente-huit, 31
thirty-five, trente-cinq, 31
thirty-four, trente-quatre, 31
thirty-nine, trente-neuf, 31
thirty-one, trente et un, 31
thirty-seven, trente-sept, 31
thirty-six, trente-six, 31
thirty-three, trente-trois, 31
thirty-two, trente-deux, 31
three, trois, 31
throne, le trône, 25
throw, jeter, 27
thumb, le pouce, 11
ticket, le billet, 17

ticket agent, l'agent de billets, 17
ticket booth, le guichet, 21
ticket counter, le guichet, 17
tickets, les tickets, 21
tie, la cravate, 7
tiger, le tigre, 20
tiger cub, le petit tigre, 20
tightrope, la corde raide, 21
tightrope walker, la funambule, 21
tights, les collants, 7
tire, le pneu, 14
toast, le pain grillé, 10
toaster, le grille-pain, 3
toe, le doigt de pied, 11
toenail, l'ongle d'orteil, 12
toilet, la toilette, 2
toilet paper, le papier hygiénique, 2
tomatoes, les tomates, 6
tongue, la langue, 11
toolbox, la boîte à outils, 3
tooth, la dent, 11
toothbrush, la brosse à dents, 11
toothpaste, le dentifrice, 11
top, le haut, 26
top hat, le chapeau haut de forme, 4
tour guide, l'organisatrice de voyages, 15
tow truck, la dépanneuse, 14
towel, la serviette, 2
tower, la tour, 25
toy soldier, le soldat de plomb, 4
toy store, le magasin de jouets, 8
toys, les jouets, 4
tractor, le tracteur, 9
traffic jam, l'embouteillage, 8
traffic lights, les feux de circulation, 8, 16
train, le train, 16
train station, la gare, 8
train tracks, la voie ferrée, 9
training wheels, les roulettes, 14
transportation, le transport, 16
trapeze, le trapèze, 21
trapeze artist, le trapéziste, 21
trash, les déchets, 1
tray, le plateau, 10
treasure, le trésor, 22
treasure chest, le trésor, 22
tree, l'arbre, 9, 24
triangle, le triangle, 30
tricycle, le tricycle, 14
trombone, le trombone, 19
trophy, le trophée, 18
truck, le camion, 16
truck driver, le camionneur, 14
trumpet, la trompette, 19
trunk (luggage), la malle, 4; (car), le coffre, 14; (mammoth), la trompe, 24
T-shirt, le teeshirt, 7
tuba, le tuba, 19
tugboat, le remorqueur, 16
tundra, la toundra, 32
turban, le turban, 21
turtle, la tortue, 20
tusk, la défense, 24
tutu, le tutu, 19
tuxedo, le smoking, 4
twelve, douze, 31
twenty, vingt, 31
twenty-eight, vingt-huit, 31
twenty-five, vingt-cinq, 31
twenty-four, vingt-quatre, 31
twenty-nine, vingt-neuf, 31
twenty-one, vingt et un, 31
twenty-seven, vingt-sept, 31
twenty-six, vingt-six, 31
twenty-three, vingt-trois, 31
twenty-two, vingt-deux, 31
two, deux, 31
typewriter, la machine à écrire, 13

umbrella, le parapluie, 4, 7
umpire, l'arbitre, 18
uncle, l'oncle, 29